城市大脑

吴越 主编

中信出版集团 | 北京

图书在版编目（CIP）数据

城市大脑 / 吴越主编 . -- 北京 : 中信出版社，
2019.10 (2020.6 重印)
ISBN 978-7-5217-1119-6

Ⅰ . ①城… Ⅱ . ①吴… Ⅲ . ①城市管理－研究 Ⅳ .
① F293

中国版本图书馆 CIP 数据核字 (2019) 第 213322 号

城市大脑

主　　编：吴　越
出版发行：中信出版集团股份有限公司
（北京市朝阳区惠新东街甲 4 号富盛大厦 2 座　邮编　100029）
承 印 者：北京通州皇家印刷厂

开　　本：787mm × 1092mm　1/16　　印　　张：14.75　　字　　数：160 千字
版　　次：2019 年 10 月第 1 版　　印　　次：2020 年 6 月第 2 次印刷
广告经营许可证：京朝工商广字第 8087 号
书　　号：ISBN 978-7-5217-1119-6
定　　价：52.00 元

目　录

第三篇　场景篇

前　言

城市大脑赋能智慧城市

城市作为人类文明的集中地，承载着社会和经济发展的大部分活动。至今，全球约55%的人口居住在城市。到2030年，全球城市将吸纳2/3的人口和90%的资源，为世界经济贡献75%的GDP（国内生产总值）。城市发展将进入更加繁荣的时期。

中国在快速城市化之后，摆脱了贫穷和落后，新的“城”长烦恼成为制约城市高质量发展的重要因素。交通拥堵、环境污染、就医难、洪涝灾害等问题呼唤城市治理实现新突破。杭州城市数据大脑率先在全国进行了新型智慧城市建设模式的有力探索，并在交通出行、城市管理、医疗健康、旅游服务等领域取得了世界瞩目的成果，获得了市民和游客的频频点赞。

建设智慧城市10年来，中国的大部分城市已经丰满了“器官”，但仍未打通所有的经脉并形成有机循环系统。这使得它们难以建立“智慧大脑”，难以对全局进行监控、协调和调度。同时，在经济领域，新技术推动产业转型升级，智能制造业、创新服务业蓬勃发展。数据资源已成为经济发展的重要生产要素和城市发展的战略性资源。因此，当下的趋势是：城市大脑赋能智慧城市，推动智慧城市发展跃升至更高阶段。城市大脑也正被越来越多的城市列入新一代城市基础设施。

我们认为，作为城市的智慧源泉，城市大脑就是基于科学规律，采用信息技术手段构建的城市数据中枢和智能中枢，能让城市拥有更健康的体系，能够自动治愈“城市病”，促使城市焕发更强的生机。城市大脑以发掘数据价值、活跃城市数据资产为核心，是智慧城市发展的必然方向和必然结果，是当下城市寻求良性变异的重要抓手。

曾经，智慧城市刚在国内兴起，人们对其概念、关联、方法论的认识都较为零碎，不成体系。现在，城市大脑诞生 4 年，已经形成了一些实践和理论成果。本书结合作者对行业的思考，尝试将这些“珍珠”串联，以“城市、大脑、场景”为线索，较为系统地回答城市大脑“如何产生”“是什么”“如何建设”“如何赋能”等问题。本书能够帮助读者比较全面地认识城市大脑，并能助力有志于推动城市发展或投身城市大脑建设的读者厘清思路，找到方向。

中国刚刚进入新的历史时期，中国城市的发展正迎来增质提效的首个 10 年——叠加智慧城市的新 10 年。中国，这个迅速崛起的古老东方文明之邦，将创造更加璀璨的历史。

第一篇
城市篇

自原始社会末期以来，数千年时光变幻，城市已成为当下国家竞争的主战场，也是未来人类可持续发展的主战场。在城市化飞速发展了 40 多年后，中国一半以上的人居住在城市，城市也面临着诸多“城”长的烦恼和各种爆发的城市疾病。这些都考验着城市管理者的智慧，挑战着城市居民的素养。

伴随科技发展而来的智慧城市是优化现代化城市运行和治理的一种新模式与新理念。10 多年间，这种借助信息力量的模式在全国各地被广泛应用，繁衍生长。然而，近乎疯狂的追逐甚至偏离了初衷，导致智慧城市的发展一度受挫，遇到了瓶颈。

本篇旨在让人们以史为鉴，不忘初心。

第一章 关于城市的故事

城市是一部浓缩和凝固的文明史。在人类文明的演进进程中，城市不断地演绎着崛起、繁荣与衰亡的历史循环。

第一节 城市简史

刘易斯·芒福德（Lewis Mumford）曾说："城市实质上就是人类的化身——城市从无到有、从简单到复杂、从低级到高级的发展历史，反映着人类社会、人类自身同样的发展过程。"在某种角度下，一个城市可以象征一个世界，一个世界也可以浓缩成一个城市。城市兴则天下兴，城市稳则天下稳，城市安则天下安。

一、"城"与"市"

在汉语里，城市是由"城"与"市"两个字组合而成的。"城"指"城墙"以及由此环绕的"城市"。城墙这一古代的永久性防御设施，常常作为城市的象征。城墙之内就是人类聚居地，是人们生产和生活的主要场所。"市"就是买卖场所，是人们集中进行产品买卖、物资交换的特殊场所。随着商品经济的发展，为了经营方便，"市"逐渐转移到人口比较集中的城内，并有固定的位置，这时真正意义上的城市才产生。

直到战国时期，"城"与"市"这两个字才真正结合在一起，即城市的防御功能与商贸活动功能联系在一起。《战国策·赵策一》中有："今有城市之邑七十，愿拜内之于王，唯王才之。"

在中国历史上，政治中心基本上都设在城市，同时城市经济维持着政治性城市自身的生命活动。渐渐地，"城"与"市"逐渐融为一体，演变为当今所谓的城市，即开放的无"城"之市。

二、城　市

"城市"（city）一词，在西方最早出现在拉丁语 *civitas* 中，意思是公民组成的社区，即市民可以享受公民权利与公共生活的地方。[①] 正如亚里士多德所描述的："城市是一个为着自身的美好生活而保持很小规模的社区。"

翻阅众多文献，国内外学者从经济、政治、社会、历史、文化、地理、生态、军事等不同的角度对城市下过各种各样的定义（见表 1-1）。

表 1-1 "城市"相关定义

学科角度	定　义
地理学	城市是指地处交通方便环境的、覆盖有一定面积的人群和房屋的密集结合体［拉采尔（Ratzel）］

① 王国平．城市论：以杭州为例 [M]. 北京：人民出版社，2009.

（续表）

学科角度	定 义
经济学	城市是具有相当面积且经济活动和住户集中，以至在私人企业和公共部门产生规模经济的连片地理区域［赫什（Hirsh）］ 城市是一个坐落在有限空间内的各种经济市场——住房、劳动力、土地、运输等——相互交织在一起的网络系统［博顿（Button）］
政治学	城市是与大规模人口及独特的组织制度和生活方式相联系的聚合体。
社会学	按照社会学的传统，城市被定义为具有某些特征的、在地理上有界的社会组织形式［巴多（Bardo）与哈特曼（Hartman）］
人口学	城市是有一定的人口规模，并以非农业人口为主的居民聚居地，是聚落的一种特殊形态
生态学	城市是人工建造的聚居地，是当地自然环境的组成部分
建筑学	城市是多种空间组合，为聚居的居民提供具有良好设施、异域生活和工作的型体环境
城市规划学	城市是以非农业产业和非农业人口集聚为主要特征的居民点。在中国，城市包括按国家行政建制设立的市、镇［《城市规划基本术语标准》］

资料来源：银江研究院内部资料。

我们从这些定义中可以梳理出城市的重要组成要素，包括 7 个方面。

- 聚集了一定数量的人口。
- 城市产业以工商业为主，相对应的农村产业则以农业为主。
- 一定地域中的政治、经济、文化等方面的中心。
- 城市的典型特征是连接和集中，而农村的典型特征是孤立和分散。
- 必须提供必要的物质设施和力求保证良好的生态环境。
- 根据共同的社会目标和各方需求而进行协调运转的社会实体。
- 文化的归极，有继承文化传统并加以延续的使命。

学术界对城市尚无统一的概念界定。本书认为，城市是以非农业人口为主体，以空间与环境利用为基础，以聚集经济效益为特点，以人类社会进步为目的的一个集人口、经济、政治、教育、科技、文化为一体的空间地域大系统。

城市在发展，城市定义也在发展。关于城市的定义，著名城市史学家刘易斯·芒福德指出："人类用了 5 000 多年的时间才获得对城市本质和演变过程的一个局部的认识，也许要用更长的时间才能完全弄清那些尚未被认识的潜在特性。在人类历史刚刚破晓时，城市便已经具备成熟形式了。要想更深刻地理解城市的现状，我们必须掠过历史的天际线去考察那些依稀可辨的踪迹，去了解城市更远古的结构和更原始的功能。"①

三、城市发展

城市起源可以追溯到人类文明的萌发时代，它是伴随人类文明与进步发展起来的。从城市自身的历史演变来看（见表 1–2），它基本上是统治中心、商业交换中心和生产中心三大功能逐一复合的过程，并在此基础上派生出相应或连带的其他功能，日趋演化为复杂的综合体。②

早在农耕时代，人类开始定居，城市便出现了，但早期城市的作用主要是军事防御和举行祭祀仪式，并不具备生产功能，只是一个消费中心。到了农业经济时代，生产力水平低下，城市发展非常缓慢，城市

① 刘易斯·芒福德．城市发展史：起源、演变和前景 [M]. 北京：中国建筑工业出版社，2005.

② 田银生．走向开放的城市 [M]. 北京：生活·读书·新知三联书店，2011.

表 1-2 城市的历史演变

时 期	农业时代	工业时代	信息时代
发展时间	大约 10 000 年前到工业革命之前	从 1769 年蒸汽机的发明开始到 1970 年的后工业时代	1969 年至今
城市规模	中小城市	大城市	特大、超大城市
城市功能	政治统治、行政管理、军事防御、商品交换	生产制造、商业贸易、经济中心	交流、商贸、金融、信息和服务
代表城市（中国）	南朝的建康（今南京）、隋朝的长安（今西安）、北宋的汴梁（今开封）、南宋的临安（今杭州）	香港、上海、天津、大连、青岛等	北京、上海、广州、深圳、杭州、苏州、成都等
代表城市（国外）	威尼斯、佛罗伦萨、热那亚、锡耶纳等	伦敦、纽约、巴黎、柏林、芝加哥、东京、圣彼得堡、维也纳等	西雅图、圣荷塞、旧金山、纽约、华盛顿、特拉维夫、新加坡等

资料来源：银江研究院根据《城市论》和网络公开资料整理。

主要作为军事中心、政治中心、贸易中心。我国封建社会时期的城市相当发达，城市发展水平居于世界领先地位，比如隋朝的长安（今西安）、南宋的临安（今杭州）都曾达到一二百万人。在国外，某些地处东西方贸易重要枢纽位置的欧洲邻海大城市，因商品经济的迅速发展而变得富强起来，如十二三世纪意大利的威尼斯、佛罗伦萨等城市。

18 世纪中叶开始的工业革命迎来了城市发展史上一个前所未有的快速发展时期。机器生产方式代替了手工业生产方式，城市经济活动社会化、生产专业化程度和生产力水平都得到了质的提升。为了寻求协作效益和增强竞争力，许许多多的工厂迁到城市，城市规模迅速扩大，农民不断涌向新的工业中心。最典型的范例就是英国的首都伦敦，其1801年人口为85万，到1890年就达到了550万，迅速成长为当时全球最大的城市，在全球经济中发挥着重要作用。英、美、德、法等主要国家在这一时期完成了以传统农业为基础的乡村社会向近代工业社会的转变，绝大多数人口都已生活在城市，这不仅是富足的标志，而且是文明的象征。到第一次世界大战前夕，世界上超过200万居民的城市共有8个，其中伦敦、纽约、维也纳等7个城市在欧美。

当时我国正处在乾隆盛世，虽然人民丰衣足食，但清王朝闭关锁国，错过了第一次工业革命。第二次工业革命始于19世纪60年代后期，当时中国开始受到西方列强的侵略，沦为半殖民地半封建社会。因此，中西差距越拉越大。

工业化带动城市化是近代城市的一个重要特点。后工业化时代的现代城市开始重视环境综合治理。随着信息经济、知识经济时代的深入发展，城市的交流、商贸、金融、信息和服务功能日益突出。

第二节 城市巨变

千百年来，城市与人相辅相成。人类为了追求幸福美好的生活而来到城市，城市则在人类追逐美好生活的过程中不断发展进步。21世纪，城市化已成为人类进步和全球经济增长的强大引擎和核心动力。

一、城市化浪潮

城市化也被称为城镇化，指乡村人口向城市集中。随之，劳动力从农业往工业和服务业等转移，城市数量和用地规模不断扩大。真正的城市化始于工业革命，由工业化驱动，随后由第三产业发展驱动。从世界范围来看，人类社会已历经三次城市化浪潮[①]（见图 1–1）。

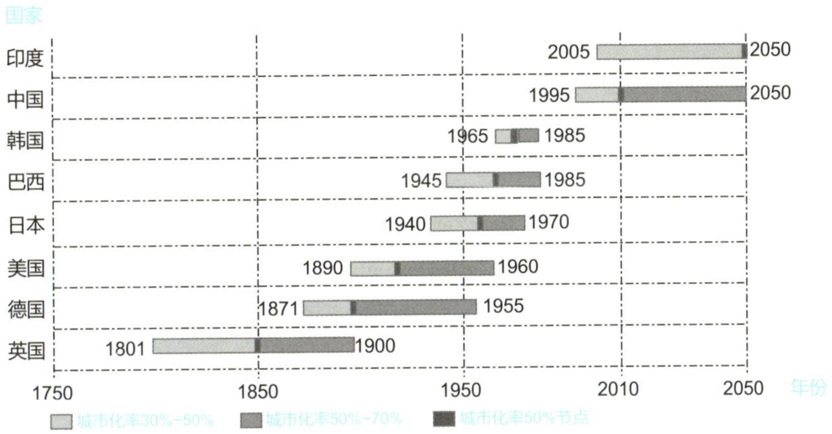

城市化特征	第一次城市化浪潮	第二次城市化浪潮	第三次城市化浪潮
人口规模	2亿人	2.5亿人	10亿人
持续时间	180~200年	100年	40~50年
移民数量	0.2亿~0.5亿人	0.5亿人	0.6亿~1.2亿人
动力背景	工业化	工业化	工业化、全球化、信息化

图 1–1 全球三次城市化浪潮比较[②]

城市化浪潮与科技革命两者的变化曲线几乎呈现相同趋势，也引发了城市的兴衰更替。第一次浪潮以英国为代表，与工业革命发展相伴

① 仇保兴 . 第三次城市化浪潮中的中国范例：中国快速城市化的特点、问题与对策 [J]. 城市规划，2007（6）: 9–15.

② 李璐颖 . 城市化率 50% 的拐点迷局：典型国家快速城市化阶段发展特征的比较研究 [J]. 城市规划学刊，2013（3）: 43–49.

随，英国的城市化率从 20% 发展到基本完成城市化。第二次浪潮是以美国为代表的北美洲的城市化，美国城市化率从 1860 年的 20% 提升到 1950 年的 71%。第三次浪潮发生在拉丁美洲及其他发展中国家，南美诸国在 1930 年的城市化率为 20% 左右，到 2000 年也基本完成了城市化历程。

在规模上，第一次城市化浪潮的人口规模不大，大约只有 2 亿人。在随后的两次城市化浪潮中，人口规模在不断扩大，完成时间在不断压缩。在动力上，第一、第二次城市化浪潮均依靠工业化推动，而第三次城市化浪潮的动力和背景更趋多元。拉丁美洲国家的城市化主要依靠工业化和全球化，中国城市化则依靠工业化、信息化和全球化等。从环保和可持续发展的角度来讲，第一次城市化没有认识到伴随的生态环境问题；在第二次城市化高潮期，人类开始对环保提出要求但并未奏效；在第三次城市化浪潮兴起之际，里约热内卢联合国环境与发展大会提出了 21 世纪议程要关注城市化对全球环境的影响[①]，开启了人类发展史的新里程，对城市可持续发展具有里程碑意义。

二、城市化的中国速度

进入 21 世纪，世界经济发展水平不断提高，全球经济一体化发展迅速，世界城市化进程突飞猛进。预计到 2050 年，全球城市化率有望达到 68%，这其中近 90% 的城市化增长来自亚洲和非洲。[②] 世界人口

① Xinzhang S . Review and Prospect of the UN Efforts for Sustainable Development [J]. Chinese Journal of Population Resources and Environment, 2012, 10(2):31–38.

② 资料来源：联合国经济和社会事务部（UN DESA）发布的《2018 年世界城市化趋势》报告。

向大城市、特大城市聚集，形成大都市区。

改革开放前，我国城市化发展进程非常缓慢。在1950—1980年的30年里，世界城市化率由28.4%上升到41.3%，发展中国家城市化率由16.2%上升到30.5%，而中国城市化率仅由11.2%上升到19.4%。①

改革开放30年，中国城乡已经发生了翻天覆地的变化（见图1-2）。中国城市化率由1978年的17.9%提高到2017年的58.5%，其中2011年完成了过半的历史性节点转变。城镇常住人口由1978年的1.7亿人增长到8.1亿人，城市数量由193个增加到657个。14个城市的GDP总量超过万亿元，总和占全国GDP总量的28.6%。

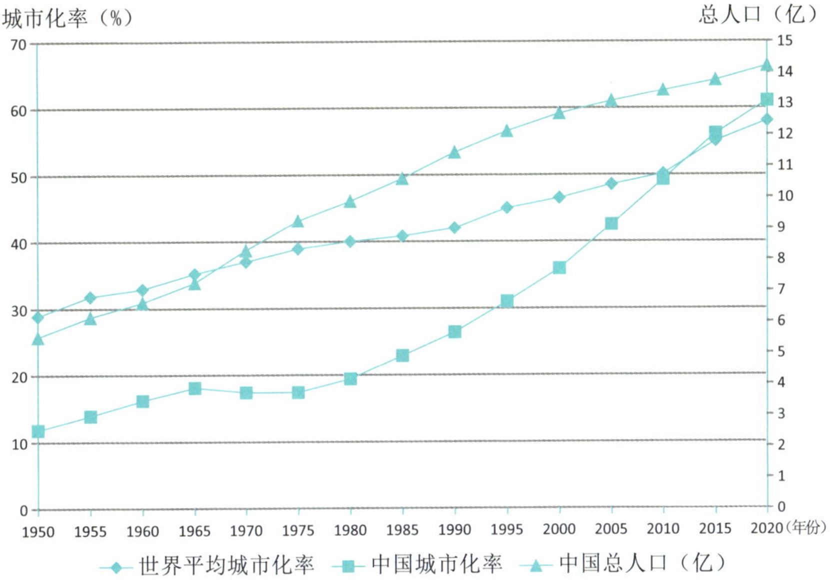

资料来源：银江研究院根据中国统计年鉴等公开资料整理。

图1-2 中国城市化率发展变化

① 曹立杰．中国城市化进程中的逆城市化现象研究[D]. 河北师范大学，2012.

目前，改革开放已经走过 40 年，中国城市化率已经达到 59.58%，中国 GDP 占世界经济总量的比重从 1978 年的 2% 左右上升到 2018 年的 16%。东部沿海城市、外贸明星城市率先崛起，中西部省会城市正在高速发展，出现了一些集聚效应日益突出的城市群。京津冀、长三角、珠三角三大城市群以 5.2% 的国土面积集聚了 23% 的人口，创造了 39.4% 的 GDP，成为带动我国经济快速增长和参与国际经济合作与竞争的主要平台。

占世界人口近 1/5 的中国迈入城市社会，显著提升了人类发展水平和整体素质。一个拥有 13 亿多人口的大国用几十年时间完成了西方国家 200 多年才完成的工业化和城市化进程，创造了世界奇迹。诺贝尔经济学奖获得者、世界银行前副行长斯蒂格利茨（Stiglitz）说："中国的城市化与美国的高科技发展将是影响 21 世纪人类社会发展进程的两件大事。"

第三节 "城"长的烦恼

亚里士多德曾说："人们来到城市是为了生活，人们居住在城市是为了生活得更好。"然而，快速城市化在使城市更加繁荣、生活更加便利多彩的同时，也带来了诸多"城"长的烦恼。交通拥堵、环境污染、看病难、上学难……

在快速"城"长下，人口长了，面积长了，需求长了，但是城市资源却没能及时跟上。城市资源与社会需求在一定阶段产生巨大矛盾，致使城市"过载"及城市各要素之间因关系失调而表现出各种负面效应。这些负面效应也俗称“城市病”，以大城市、特大城市最为突出，正迅速向三、四线城市蔓延。

一、交通出行

人们生活在城市，对城市生活感觉最直接且最频繁的就是每日的交通出行。这是关乎人民幸福指数的重要方面，尤其是绝大多数人工作日所必需的通勤出行。

百度地图、清华大学等联合发布的《2018年中国城市交通报告》显示，北京和重庆以约1.55小时和1.40小时的严重拥堵持续时间[①]“鹤立”于平均值0.49小时的汽车保有量超300万的城市中。汽车保有量200万级的城市严重拥堵持续时间平均值0.21小时是超300万级城市平均值的一半不到，还略低于100万级城市的平均值0.24小时。严重拥堵持续时间明显高于其他城市的仅有长沙、济南、南京，都在0.6小时左右。哈尔滨、贵阳、呼和浩特、长春、济宁、合肥、南宁、厦门都是在汽车保有量100万级城市中严重拥堵持续时间平均值超过0.25小时的城市，有的甚至达到平均值的两三倍。也就是说，生活在北京、重庆、哈尔滨的人如果不想把每天的上班时间浪费在恼人的堵车上，就要避开高峰期一到两个小时。

从通勤时间排名前10的城市（见表1-3）来看，基本上一线入榜城市都比二线入榜城市的通勤时间要长。但是比较二、三线城市通勤时间前10可知，三线城市通勤时间前3的都入榜二线城市前10，尤

① 严重拥堵持续时间是指工作日通勤高峰期间，全路网处于严重拥堵状态的平均累计时间，用以评估路网中严重拥堵状态的时间持续程度。

其是作为三线城市第一的连云港居然比作为二线城市第二的珠海的通勤时间还长。由此可见，从交通出行来看，很多三线城市的居民并没有“小城故事”般的悠然和安逸。就算逃离了北上广，离开了杭州、无锡，人们也难以解决上班拥堵、耗时长的烦恼。要提升居民的幸福指数，三线城市的交通情况就需要大力改善，以与其经济状况相适应。

表 1–3 通勤时间排名前 10 城市

一线城市	通勤时间（分钟）	二线城市	通勤时间（分钟）	三线城市	通勤时间（分钟）
北京	53.1	厦门	40.5	连云港	39.4
上海	49.8	珠海	39.1	唐山	38.8
南京	44.8	合肥	38.7	临沂	36.9
天津	44.4	西宁	38.1	济宁	36.6
重庆	43.9	烟台	37.9	镇江	36.6
成都	43.9	南通	37.6	乐山	36.4
杭州	43.6	无锡	37.1	潍坊	35.8
大连	42.0	徐州	37.1	银川	35.5
广州	41.9	泉州	37.0	扬州	35.3
深圳	41.2	贵阳	36.9	淮安	35.2

资料来源：银江研究院根据《2018 年中国城市交通报告》数据整理。

交通拥堵不是中国的专利，国外的一些城市也并不如想象中的那么通畅。Inrix（美国交通信息服务公司）发布的 2017 年度全球交通计分卡显示，全球十大最拥堵城市有一半在美国，洛杉矶、纽约占据了第一、第二的位置。洛杉矶人每年在高峰拥堵时段被堵在路上的平均时间为102小时，每一位驾驶员为此支付的直接和间接成本[①]为2 828美元，全市的拥堵成本达到192亿美元，而公司会通过提高价格将这些费用转嫁给每个家庭。交通拥堵造成的能源浪费和环境污染则是无法用金钱来简单衡量的。

二、医疗健康

医疗健康是关乎每个人的切身利益，关乎每个家庭的幸福，关乎民族存亡的一件大事。然而，我国的医疗健康资源远远不足。

2019年6月，国家卫生健康委指出：我国有4 000万失能和部分失能老人，其中1 200万是完全失能的老人，但目前我国老年健康服务供给严重不足，对失能老人的上门健康服务严重不足，对失能老人的长期照护服务严重不足。目前，大多数职场人士需要离家上班且照料小孩，无暇再照护老人，只能把老人托付给机构或他人。然而，无论是医疗类的“护士”还是家政类的“保姆”，都不能完全匹配失能老人的照护需求，这类照护人员严重短缺。因此，很多老人不能有尊严地终老，其中也隐藏着巨大的家庭矛盾和风险。

中关村新智源健康管理研究院和中南大学健康管理研究中心编写的《大健康产业蓝皮书：中国大健康产业发展报告（2018）》对我国当前健康的整体状况做了比较全面的介绍。

预计“十三五”期间，我国60岁及以上老年人口平均每年约增加640万人，到2020年将达到2.55亿人，占总人口的17.8%左右。我

① 直接成本是指燃料成本和浪费的时间价值，而间接成本则是公司车辆堵在路上的时间所产生的货运和业务费用。

国老龄化速度加快，越来越多的老人需要照护。

慢性病已成为危害我国居民健康的头号杀手。首先，我国慢性病发病人数在3亿左右，其中65岁以下人群慢性病负担占50%。我国城市和农村因慢性病死亡人数占总死亡人数的比例分别高达85.3%和79.5%。其次，全国体检人群罹患的主要慢性病为：高血压（94.24‰）、脂肪肝（62.78‰）、血脂异常（38.64‰）、糖尿病（34.02‰）以及慢性胃炎或胃溃疡（29.27‰）。男性慢性病患病率显著高于女性。最后，不良的健康习惯是重要的诱因。我国慢性病危险因素居高不下：我国现有吸烟人数超过3亿，其中暴露于二手烟下的非吸烟者比例为72.4%；全国18岁及以上成人的人均年饮酒量为3升，其中有害饮酒比例达9.3%；成人经常锻炼率仅为18.7%。此外，我国慢性病呈现“患病人数多、患病时间长、医疗成本高、服务需求大”的特点。

随着城市生活节奏的加快和工作压力的增加，年富力壮的青年人作为我国社会的中流砥柱，其健康情况堪忧。我国慢性病飙升态势未得到有效遏制，拐点尚未出现，且年轻化趋势明显。慢性病年轻化已成为我国难以回避的公共卫生问题。国际自我保健基金会组织编著的蓝皮书揭露：在高血压患病人群中，我国20~40岁人群的高血压发病率在2003—2013年的10年间就由14.36%增至17.66%，呈现日益增长的趋势。2018年北京首届中国脊柱显微外科大会也指出，我国颈椎病年轻化呈上升趋势，目前约20%的年轻人患有颈椎病，即每5个年轻人当中就有1个人存在颈椎问题。这主要是由不良生活习惯造成的，比如日常办公保持一个姿势、长期低头玩手机、缺乏运动等。

交通出行、医疗健康仅仅是伴随我国城市化过程发生的两个重大问题，还有城市治理、环境污染、教育均等化等问题亟待解决。我国城市管理和产业发展体系从理论到实践、从规划到落实、从理念到行动、从目的到手段都需要进行系统性调整，只有这样才能早日实现中华强国梦。

然而，这些“城”长的烦恼也不是中国独有的，它们曾经也“烦”过欧美等先行城市化的城市。城市化率超过 50% 表明，该城市在国家和地区发展中的地位不断提升，城市文明普及最快，城市辐射力最强。城市化率 50% 是城市问题和社会矛盾不断累积进而达到激化失衡状态的关键点①，是各种“城市病”频繁发生的红灯区。“这是最好的时代，这是最坏的时代。这是智慧的时代，这是愚蠢的时代。……人们正在直登天堂，人们正在直下地狱。”②

城市，让生活更美好。在城市病集中暴发和蔓延的时期，我们应当站在历史的高度，放眼全球，以史为鉴，结合中国国情，从容应对。

---

① 陈彦光，罗静．城市化水平与城市化速度的关系探讨——中国城市化速度和城市化水平饱和值的初步推断 [J]. 地理研究，2006（11）: 1063-1072.

② 摘自狄更斯的《双城记》。

第二章
智慧城市演化

中国的城市化与美国的高科技发展将是影响 21 世纪人类社会发展进程的两件大事。

——诺贝尔经济学奖获得者、世界银行前副行长斯蒂格利茨

在治理“城市病”的诸多道路中，智慧城市就是将城市化与高科技发展两件世纪大事相结合的一条道路，即智慧化的新型城市化之路。

第一节
城市病的一剂“良药”

一、缘起国的案例

业内一般认为，智慧城市（smart city）这一理念源于 2008 年美国高科技公司 IBM（国际商业机器公司）的彭明盛在纽约召开的外国关系理事会上的报告——《智慧的地球：下一代领导人议程》。美国总统奥巴马公开肯定了 IBM 的“智慧地球”思路。

然而，美国真正开启智慧城市的标志则是在 2015 年 9 月习近平主席访美期间启动智慧城市周时发布的《白宫智慧城市行动倡议》。[①] 该倡议提出，美国政府将投入超过 1.6 亿美元进行联邦研究，并推动超过 25 项的新技术合作，帮助社区应对减少交通拥堵、打击犯罪、促进经济增长、应对气候变化、提高城市服务质量等关键挑战。

从城市的发展情况来看，1920—2010 年美国城市经历“空心化”，即郊区发展快于城市中心。但自 2011 年以来，这种趋势随着千禧一代和婴儿潮一代重返城市中心而逐渐发生逆转，城市再次增长。2016 年，美国超过 80% 的人口生活在大都市区，贡献了全国 90% 以上的 GDP。

城市不再由单一市中心主导，同时出现了有特色的城区与次中心。因此，对于城市设计、基础设施和服务的需求也在不断增长和变化。重要的需求包括对有限空间的更高效使用、更好的步行性、对不同收入水平居民需求的满足以及应对气候变化和其他自然或人为灾害的城市韧性。只有结合新的物理和数字技术，提出创新办法，才有可能很好地应对上述各种挑战。

2016 年 2 月，美国总统科技顾问委员会发布了《技术与城市的未来》报告。该报告提出从交通、能源、建筑与住房、水、城市制造业、都市农业几个维度出发，提升城市的创新力以及运营与管理水平（见表 2-1）。同时，该报告还提出了建立创新实验室、加强部门间的联合研究、以联邦政府资金带动私营资本投入、关注低收入社区等政策建议。

以发展自动驾驶汽车、联网汽车为例，考虑到美国交通事故的花费（3 000 亿美元 / 年）和交通堵塞的花费（1 240 亿美元 / 年），以及相关医疗支出（500 亿 ~800 亿美元 / 年），美国每年可以节约大概 1.2

① 李灿强 . 美国智慧城市政策述评 [J]. 电子政务 . 2016（7）：101–112.

表 2-1　技术及其发展目标

城市部门	技术或概念	目　标
交通	结合 ICT（信息通信技术）应用和模型的多系统整合 灵活请求的电子化交通 自行车与步行的设计 机动交通的电气化 无人驾驶汽车	省时 舒适与效率 低成本交通以及公众可得 减少交通提供服务商的经营成本 零排放、零碰撞、零伤亡 减少噪声 为服务不足者、残障者以及老人提供定制服务
能源	推广新能源 混合发电 地区供暖与制冷 低成本能源储存 智能电网与微电网 节能照明 先进的高压交流电系统	提高能效 零空气污染 降低噪声 水与交通的同步能源管理 提高应对气候变化与自然灾害的韧性
建筑与住房	新的设计与建造技术 生命周期设计与优化 实时空间管理的感应与运作 适应性空间设计 有利于创新的融资、规范以及标准	可支付住房 健康的生活与工作环境 低价的创新与创业空间 舒适温度 提高韧性
水系统	水系统设计与管理整合 地方循环 智能测量节水 建筑与地区的再利用	活跃的生态整合 供水、排污、防洪、农业和环境的智能整合 提高韧性
城市制造业	高科技、按需生产 3D（三维）打印 人力资本与设计投入的高附加值活动 创意产业园	创造新就业机会 培训与教育 城市空间的转化与再利用 工作与生活的紧密整合
城市农业	城市农业与垂直农业	低用水量 洁净运输 新鲜产品

万亿美元的开支。

二、智慧城市的愿景

智慧城市主要是指运用先进信息技术手段，全面感测、分析、整合城市运行中的各项关键信息，创新管理制度和金融机制，通过对城市各方面和各层次需求做出明确、快速、高效、灵活的智能响应，有效配置和融合人、土地、信息以及资金等城市资源，形成高效运转、可持续的城市总体生态系统。

在中国，各城市发展智慧城市的动力主要源自 5 个方面：一是实施国家战略的必然要求；二是城市化呼吁新城市模式的产生与实施；三是信息化促进城市走向“智慧化”；四是借力智慧城市实现服务型政府；五是推动城市经济转型升级。

从各城市发布的愿景来看，智慧城市的建设愿景基本上集中于设施更完善、发展更科学、管理更高效、社会更和谐、生活更美好 5 个方面（见图 2–1）。而具体到各城市制订的智慧城市发展规划内容上，其主要遵循信息化规划的思路，重点考虑各领域需要建设的信息化内容，

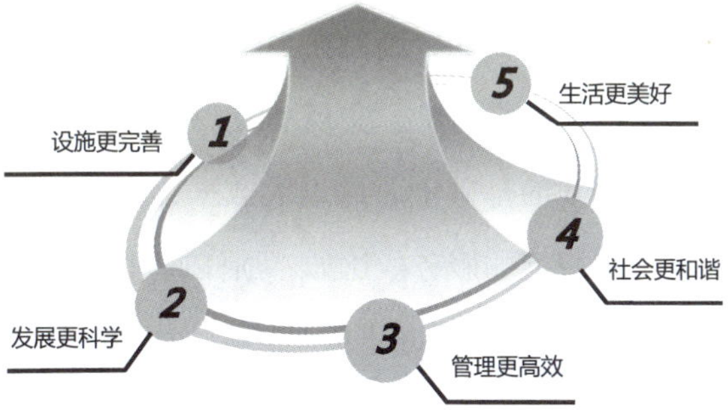

图 2–1　智慧城市的愿景

兼顾组织建设、项目资金来源、人才保障措施及经济发展目标。

三、智慧城市的版本

智慧城市的概念不断发展，将随着技术、经济和社会的发展持续完善理论体系和方法论。从这 10 多年来智慧城市的实用技术发展和落地情况来看，中国智慧城市经历了两个阶段 3 个版本（见表 2–2）。

表 2–2 智慧城市版本

版本	核心技术	侧重点	目标
智慧城市 1.0	物联网、云计算	系统建设，业务应用	互联互通，联动协同
智慧城市 1.1	云计算、大数据	数据驱动，智能服务	更加智慧，便于运营服务
智慧城市 2.0	人工智能、5G[①]、区块链、虚拟现实	场景驱动，自动化控制	实现智慧城市全部或部分愿景

资料来源：银江研究院内部资料。

智慧城市 1.0 充分运用物联网、云计算等先进信息技术手段，有效配置和融合人、土地、信息以及资金等城市资源，形成高效运转、可持续的城市生态系统。比如，南昌在 2011 年将交通领域子系统都归结到智慧交通全集成管控平台上，实现了统一指挥调度。智慧城市 1.1 主要是在智慧城市 1.0 的基础上，通过大数据、人工智能技术发掘数据的价值，提供更加智能的服务。比如，浙江通过政务数据打通共享，在政务服务上让数据跑路，让办事人员“最多只跑一次”。目前，交

① 5G 指的是第五代移动通信技术。

通、城管、医疗等领先的智慧城市项目正朝着智慧城市 2.0 发展。

四、智慧城市的主体能力

智慧城市的核心基础是利用先进的信息技术让人与物具备更强的能力，将人与人、人与物以及物与物连接，以数据共享和信息传递更加有效地协调和优化资源，优化城市生态系统，让城市治理更智能、生活更方便、决策更科学。

在生态系统中，智慧城市的主体是复杂的、具有自适应性的，同时也是千变万化的。但是，所有主体的活动都可以简化为感知、运算、执行和反馈 4 个环节，并分别对应着感知、运算、执行和反馈 4 个系统（见图 2–2）。这 4 个系统构成了一个闭环，并且无限循环。城市问题通过感知系统进入闭环，通过智能运算获得解决方案，通过执行实

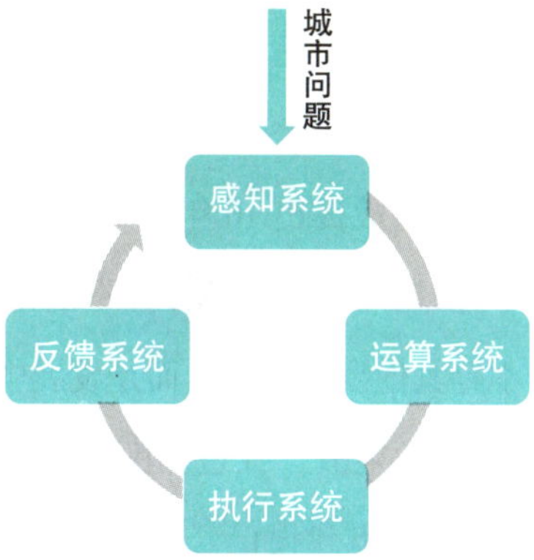

图 2–2　智慧城市的主体能力[①]

① 仇保兴 . 5G 将赋予智慧城市设计六大新原则 [EB/OL].（2019–02–1）.http://www.sohu.com/a/294153738_472878.

施解决方案，再通过反馈获取解决方案实施后的结果，最后将结果重新输入感知系统再次进入闭环。

现代城市正是由成千上万个这样具有4个环节运行能力的主体所构成的。通信技术的快速发展，尤其是5G的应用，将推动这个闭环更加快速地旋转，带领我们走向一个前所未有的主体间“不间断”联系和对环境持续进行感知、运算、执行和反馈的时代。

| 第二节 |
回眸智慧城市10年

10年前的智慧城市还只是一个在襁褓中的婴儿，10年后的智慧城市已经不只是一个德智体开始全面发展的二年级小学生。智慧城市的生命进程可以跳跃，也可以弯道超车。

一、全球智慧城市发展

智慧城市这一理念已经被提出10年了。让人有些始料不及的可能是，这10年间智慧城市发展最热闹的地方并不是首先诞生这一概念的美国，也不是欧洲或日本等其他发达地区，而是发展中的中国（见图2–3）。

为了应对城市化带来的挑战，在过去的10多年里，各国不断大力投入智慧城市建设。智慧城市建设已经成为驱动全球城市发展的核心战略。全球已启动或在建的智慧城市达1 000多个，欧洲、北美、日韩是智慧城市发展的领先区域。

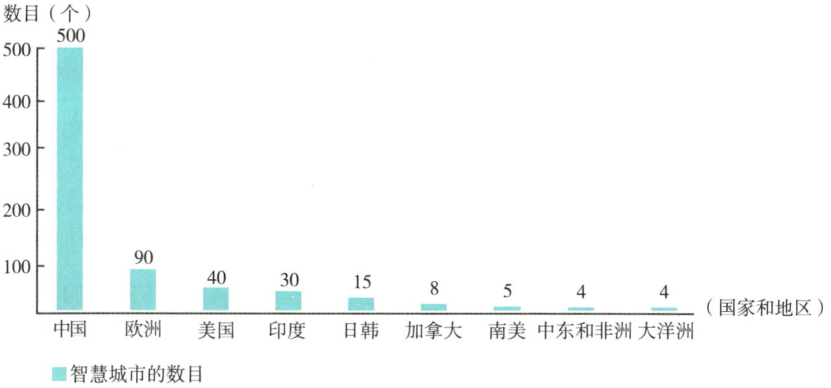

图 2-3 全球智慧城市发展情况[①]

从智慧城市在建数量上来说，中国以 500 个试点城市居于首位，并且在东部沿海以及中西部地区形成了数个大型智慧城市群，如长三角、珠三角、成渝等智慧城市群。

我国是智慧城市推进比较早、推动力度比较大的国家，在 2010—2013 年基本完成了试点推广工作，并出台了一系列政策。其他国家主要在 2015—2016 年出台了智慧城市建设及相关产业发展的推进措施。美国投入 1.6 亿美元推动“智慧城市”计划；印度宣布未来 5 年内将投入约 75 亿美元，用 PPP（政府和社会资本合作）模式打造百座智慧城市；韩国政府计划在 2016—2019 年投入 3.5 亿美元，开发与智能设备互联的物联网生态系统；越南通过智慧城市的建设大力扶植智慧城市相关产业，仅坚江省一省便投资了 294 万美元建设智慧城市。

① 德勤．超级智能城市：更高质量的幸福社会 [EB/OL].（2018–02–12）. https://www2.deloitte.com/cn/zh/pages/public-sector/articles/super-smart-city.html.

二、中国智慧城市发展

“当创新技术与矛盾烦恼在异国他乡相互碰撞，一种新的发展理念产生了。它漂洋过海，落到中国的土地上。迎着古老文明的阳光，吸收着城市化的养分，它繁茂成长……”①

它就是“智慧城市”，一个在技术创新发展并应用于解决社会问题背景下产生的外来词。其被引入中国之后，经过与中国文化的相互碰撞和融合，“意外”地得到了新的发展，尤其是伴随着中国惊人的城市化而产生的各种“城市病”恰恰为智慧城市提供了广阔的发展空间。智慧城市成为一种时尚、实用的概念，代表着一种以消灭“城市病”、让城市生活更美好为使命的城市治理新理念和新模式。

近 40 年，我国城市化进程不断加快，伴随而来的是“城市病”波及面越来越广，负面影响越来越严重。城市管理者们热切希望在保持城市高速发展的同时有效缓解城市病，保障城市健康运行，“智慧城市”在此时就成了变革的抓手之一。从时间轴来看，中国的智慧城市大概经历了概念发展、试点落地、规范调整、转型升级 4 个发展阶段。

1. 概念发展阶段（2008—2012 年）

智慧地球的概念在 2008 年被提出后，只被少部分人知晓。到了 2009 年 8 月，IBM 推出的白皮书《智慧城市在中国》点燃了中国智慧城市的火花。那时候很多政府领导都没有听过这个新概念，而一些走在前沿的学者专家、政府领导人、企业领导人则率先摸索适合中国的落地路径和方案，并且将这些成果公开出版。这些书包括清华大学于

① 王辉 . 智慧产业 [M]. 北京：中信出版社，2018.

2010年出版的《智慧城市》及系列丛书，电子工业出版社于2011年出版的《智慧城市：物联网背景下的现代城市建设之道》和《智慧城市之路——科学治理与城市个性》，等等。2012年，时任浙江省副省长的毛光烈总结的内部资料《智慧城市建设实务六讲》对浙江智慧城市建设起了重要的推动作用。后续其被整理成《智慧城市建设实务研究》，由中信出版社于2013年出版，为全国智慧城市建设提供了新的思路。

上海、深圳、武汉、宁波是4个最早积极开展智慧城市探索的城市。上海借助2010年世博会之机，将全球“智慧城市”最新科技率先应用于世博园的安防、管理、服务、交通等环节，打造了一个智慧城市样板。深圳和武汉是2010年被国家科技部列为国家863“智慧城市”项目的两个试点城市。尤其是武汉向全球公开招标《武汉智慧城市规划》，引起了全球的关注，成为当年智慧城市领域的头条新闻。宁波则结合自身产业特点，以建设国际物流港口为契机全面推广智慧城市建设项目。

总之，在概念发展阶段，各地方政府和企业都在积极探索和研究，以智慧城市的内涵定义、建设蓝图和规划建设的可操作性等落地之前的问题和对策为主。

2. 试点落地阶段（2012—2014年）

2012年年底，国家部委或省信息化主管部门陆续发起智慧城市试点工作（见表2-3），智慧城市正式迈入以“试点”为关键词的落地建设期。

表 2-3　智慧城市试点名单

时　间	主管部门	试点名称	数目（个）	试点名单
2010 年	中国工程院	国家 863 “智慧城市” 项目试点	2	深圳、武汉
2011 年 7 月	工业和信息化部	智慧城市建设试点示范城市	1	扬州
2012 年 4 月	中国工程院	“中国智慧城市” 试点	5	北京、西安、杭州、武汉、宁波
2012 年 5 月	国家旅游局	国家智慧旅游试点	18	北京、武汉、成都、福州、南京、大连、厦门、苏州、温州、烟台、洛阳、无锡、常州、南通、扬州、镇江、黄山、武夷山
2012 年 7 月	工业和信息化部	智慧城市建设试点示范城市	1	常州
2013 年 1 月	国家旅游局	国家智慧旅游试点	15	天津、广州、杭州、青岛、长春、郑州、太原、昆明、贵阳、宁波、秦皇岛、湘潭、牡丹江、铜仁、龙岩
2013 年 1 月	住建部	“智慧城市” 试点	90	分布在除广西、甘肃、青海以外的省市，涉及市、区、县、镇 4 个级别
2013 年 8 月	住建部	“智慧城市” 试点	103	分布在除上海、深圳、海南、青海以外的省市，涉及市、区、县、镇 4 个级别
2013 年 8 月	国家测绘地理信息局	国家智慧城市时空信息云平台建设试点	9	郑州、临沂、太原、武汉、广州、无锡、徐州、重庆、淄博
2013 年 10 月	科技部和国家标准委	智慧城市试点示范	17	太原、阳泉、大连、哈尔滨、大庆、合肥、青岛、济南、武汉、襄阳、深圳、惠州、成都、西安、延安、杨凌示范区、克拉玛依

（续表）

时　间	主管部门	试点名称	数目（个）	试点名单
2013 年 12 月	工业和信息化部	国家信息消费试点市（县、区）	68	分布在除内蒙古、西藏以外的市（县、区）
2015 年 1 月	工业和信息化部	国家信息消费试点市（县、区）	36	分布在除北京、天津、重庆、海南、西藏以外的市（县、区）
2015 年 4 月	住建部	“智慧城市”试点	84	上海、海南的省市，涉及市、区、县、镇 4 个级别
2016 年 8 月	国家网信办	新型智慧城市标杆市	3	深圳、福州、嘉兴
2017 年 10 月	ISO/TC268/SC1	智慧城市标准试点	2	中国成都市、中国佛山市南海区
2018 年 5 月	ISO/TC268/SC1	智慧城市标准试点	3	国内：合肥市 外国：英国剑桥、日本川崎
智慧城市试点总数			458	

资料来源：银江研究院根据网络公开资料整理。

2012 年 4 月 19 日，中国工程院确定北京、西安、杭州、武汉、宁波为“中国智慧城市”试点城市。2012 年 5 月 25 日，国家旅游局确定了北京、武汉等 18 个国家智慧旅游试点。2012 年 7 月 30 日，工业和信息化部将常州列为“智慧城市”试点城市。而其在 2012 年 11 月 22 日公布的《住房城乡建设部办公厅关于开展国家智慧城市试点工作的通知》则点燃了中国大小城镇的智慧城市梦。

2013 年，工业和信息化部、国家测绘地理信息局、科技部和国家标准委相继启动了试点工作。住建部公布了两批试点城市，一共 193 个，工业和信息化部也公布了 68 个首批国家信息消费试点市（县、区）。这一年，全国新增的试点就有 302 个。北京、杭州、成都等城市拥有多个试点头衔。

2013 年 8 月，国务院出台《关于促进信息消费扩大内需的若干意见》，明确提出要加快智慧城市建设，并提出在有条件的城市开展智慧城市试点示范建设。

在技术标准上，我国在国际范围内发挥了重要影响力。2013 年 11 月，在国际标准化组织国际电工委员会第 1 联合技术委员会（ISO/IECJTC1）第 28 次全会中，中国代表团成功发起成立了智慧城市研究组并担任了召集人和秘书，大力推动成立了 SC40 和大数据研究组，积极推动物联网特别工作组启动了物联网参考架构标准的研究，进一步提升了我国在物联网、智慧城市、大数据等新兴信息技术领域国际标准化中的影响力和话语权。

总体来说，这一时期智慧城市试点呈井喷式发展，智慧城市建设达到了前所未有的高潮。不论是沿海发达省市还是边陲小镇，智慧城市之花开遍祖国大江南北。智慧城市已经不是发达城市的专利，而变成了“兰州拉面”和“沙县小吃”类的街头巷尾的招牌。

3. 规范调整阶段（2014—2016 年）

与改革开放之后的城市化速度一样，中国智慧城市的落地速度与覆盖面在世界范围内也是领先的。我国智慧城市建设取得了积极进展，但也暴露出缺乏顶层设计和统筹规划、体制机制创新滞后、网络安全隐患和风险突出等问题。一些地方出现思路不清、盲目建设的苗头，亟待政府加强引导。

为此，国家发改委、工业和信息化部、科学技术部、公安部、财政部、国土资源部、住建部、交通运输部八部委研究起草并报国务院通过了《关于促进智慧城市健康发展的指导意见》。该意见于 2014 年

8 月正式发布，明确提出了我国智慧城市的发展思路、建设原则、主要目标以及信息安全保障等要求，以统一思想、凝聚共识、汇聚力量，加强对各地智慧城市建设实践的引导。这为智慧城市的顶层设计和标准化体系建立提供了强有力的保障，同时也为盲目扩张、重复建设等“乱象”提出了解决方法和指导意见。

为加强我国智慧城市标准化工作的统筹和协调管理，2014 年 1 月 30 日，国家标准化管理委员会发布了《关于成立国家智慧城市标准化协调推进组、总体组和专家咨询组的通知》（标委办工二［2014］33 号）。总体组自成立以来起草了国家智慧城市标准体系框架，包括标准体系框架图、层次结构图及标准明细表，对已有标准和待制定标准做了充分的比较分析和研究工作，梳理出七大类相关标准，论证了一批急需、急用的智慧城市关键技术标准缺项。

2015 年 12 月，为解决此前智慧城市在发展过程中存在的条块割裂、信息共享困难等诸多问题，中央网信办、国家互联网信息办提出了“新型智慧城市”概念，并推动在深圳、福州和嘉兴三地进行试点。新型智慧城市的目标在于集中数据资源，通过高效统一的城市运行调度，实现精准细致的城市治理。

2016 年 3 月 16 日，十二届全国人大四次会议审查通过了《中华人民共和国国民经济和社会发展第十三个五年规划纲要》。“十三五”规划（2016—2020 年）明确提出要“以基础设施智能化、公共服务便利化、社会治理精细化为重点，充分运用现代信息技术和大数据，建设一批新型示范型智慧城市”。

2016 年 5 月，国家发改委、中央网信办联合印发《新型智慧城市建设部际协调工作组 2016—2018 年工作分工》。为进一步总结经验，落实建设一批新型示范性智慧城市的任务，2016年11月22日，国家发改委、中央网信办、国家标准委正式联合启动了2016年新型智慧城市评价工作。《新型智慧城市评价指标（2016年）》（见表2-4）按照“以人为本、惠民便民、绩效导向、客观量化”的原则制定，包括客观指标、主观指标、自选指标（分数另计）3部分。

表2-4　新型智慧城市评价指标

一级指标及权重	二级指标及权重
惠民服务（37%）	政务服务（8%）、交通服务（3%）、社保服务（3%）、医疗服务（3%）、教育服务（3%）、就业服务（3%）、城市服务（7%）、帮扶服务（5%）、电商服务（2%）
精准治理（9%）	城市管理（4%）、公共安全（5%）
生态宜居（8%）	智慧环保（4%）、绿色节能（4%）
智能设施（7%）	宽带网络设施（4%）、时空信息平台（3%）
信息资源（7%）	开放共享（4%）、开发利用（3%）
网络安全（8%）	网络安全管理（4%）、系统与数据安全（4%）
改革创新（4%）	体制机制（4%）
市民体验（20%）	市民体验调查（20%）

资料来源：银江研究院根据政府公开资料整理。

总的来说，在规范调整阶段，我国主要从上至下地梳理了组织架构，统一了管理体系，在国家层面出台了一些意见和标准，促使我国智慧城市有序健康发展。

4. 转型升级阶段（2016年至今）

经过智慧城市的冷思考和规范之后，人们逐渐认识到要促进智慧城市循环发展还需要依靠产业。智慧城市建设之后出现的一些新需求也自然催生出了一些新兴产业。尽管在提及智慧城市建设规划的时候会涉及智慧产业支撑及相关的产业带动，但它们都在主视角之外。

在智慧城市进入转型升级阶段后，人们已经对智慧城市这个概念非常熟悉，更加关注其给自己带来的价值。政府也更加注重技术的实用性，以及它给行政带来的质和量的提升。智慧城市相关企业都在对自身进行调整，以便更好地适应市场发展需求。有些企业从提供技术和产品走向提供服务，甚至把技术和产品服务化。一些新兴的企业快速发展成规模性企业。智慧产业中万物生长，“独角兽”出没。

2017 年，十九大报告指出中国特色社会主义进入了新时代，我国社会主要矛盾已经转化为人民日益增长的美好生活需要和不平衡不充分的发展之间的矛盾。同时，首次提出“智慧社会”，为智慧城市发展明确了新的要求，更加突出城乡统筹和城乡融合发展等理念。

2017 年 4 月，中共中央、国务院决定设立国家级新区——雄安新区，用最先进的理念和国际一流的水准进行城市设计，建设标杆工程，打造城市建设的典范。雄安智慧城市建设模式也是业内的新标杆，贯彻了“数字孪生城市”理念，用数字化方式完整地重新定义城市本身，在整个城市规划中融入了智慧城市思维方式。在智慧城市层面，雄安则以数据驱动整个城市的规划、设计、建设、运营和管理，同时形成一个智慧产业。通过构建全域智能化环境，智慧城市从一个虚无缥缈的目标，变成了城市发展的战略和手段，融入了城市的基因和血脉。

雄安是一个从诞生就携带着智慧城市基因的城市，而位于钱塘江畔的江南古都杭州则是一个创新拼搏、智慧剧增的城市。和很多城市一样，杭州具有良好的信息化基础，政府和企业创新能力强，智慧城市建设推进力度大。在民生方面，杭州推出了移动支付等一系列便民惠民的服务。

2016 年 10 月，杭州率先宣布启动城市数据大脑建设，利用数据治堵的方式形成了一种新型智慧城市模式，因而享誉世界。但杭州也和很多城市一样，还存在数据孤岛、单点强而未形成全局系统等问题，海量公共数据仍然在“沉睡”，数据价值未能被充分释放。

深圳、西安、南昌等城市也都在结合本身的特性，探索智慧城市的转型升级。不论你见与不见，信与不信，新一轮智慧城市转型升级都已经到来。

第二篇 大脑篇

当智慧城市因受到众多质疑而萎靡不振的时候，江南的小城杭州走入了人们的视野。杭州的“城市大脑”在业内引起轩然大波——不仅是“城市大脑”这个尚无定义的概念，还有其在交通方面取得的瞩目成绩。外界正反两面的舆论都非常剧烈。

但它沉浸在这场“改革潮”中，潜心研究，务实推进，仿佛不受任何影响，每年都如期推出新的成果。3 年之后，质疑声几乎听不到了，更多的是其他城市的合奏声。人们探寻的城市大脑的秘密，也随着城市大脑的深入开展陆续被揭开。

本篇旨在以“人”为鉴，勉励共进。

第三章
城市大脑孕育而生

最忆是杭州。10 年智慧城市蝶变，城市大脑在西子湖畔破茧并飞往世界各地。

第一节
破土而出：杭州模式

杭州，一个司徒雷登（John Leighton Stuart）笔下的天堂城市，给人留下的最深刻的印象是乾隆下江南时由水、船、桥、亭勾勒的诗情画意之地。然而，近年来杭州创新活力剧增，获得了更多科技时尚标签，如天堂硅谷、全球移动支付之城、云计算之城、人工智能之城……

享誉中外的城市数据大脑作为杭州近年来探索新型智慧城市建设的模式，正是杭州政府和社会协同创新的一个缩影。

一、因缘际会，潮起钱塘

为什么是杭州第一个吃到“人工智能介入城市管理”这只螃蟹？这其中既有偶然因素，也有其必然性。

浙江弘扬“红船精神”，靠吃“改革饭”起家。作为浙江省会城市的杭州更是秉承“干在实处、走在前列、勇立潮头”的首创精神，坚持用改革创新的办法在实践中不断摸索，解决新矛盾、新问题，创造体制机制新优势，实现跨越式发展。在新型智慧城市建设之路上，杭州市借助自身的科技产业优势，率先开展了“城市数据大脑”的试验性探索。

回顾杭州数字经济的发展历程，2000 年，杭州就提出了“构筑数字杭州，建设天堂硅谷”；2014 年，它又在全国率先提出发展信息经济智慧应用，将信息经济列为全市“一号工程”。2016 年，G20（20 国集团）杭州峰会通过了《G20 数字经济发展与合作倡议》，首次将数字经济列为 G20 创新增长草图中的重要议题，这标志着以数字经济作为国家经济发展的新引擎已经成为各国共识，而杭州就成为中国首提“数字经济”的城市。

2018 年 7 月，杭州市委十二届四次全会明确提出聚集数字经济“一号工程”，并宣布打造全国数字经济第一城的行动计划，对 5 年内的数字经济发展进行了总体谋划和部署。2018 年，杭州数字经济核心产业主营业务首次突破万亿元大关，增加值为 3 356 亿元，增长 15%，占杭州 GDP 总量的 24.8%。

杭州数字经济发展的亮点和优势在于：新兴产业与传统产业的发展并非此消彼长，而是数字产业化与产业数字化并进齐飞、良性互动。杭州不光有电子商务、云计算、数字安防等有全球影响力的高新产业集群，还有阿里巴巴、网易、海康威视等一批国际、国内领先的从事智慧城市业务的龙头企业。比如，在智慧安防行业，全球排名前 3 位的企业海康、大华、宇视都聚集在杭州高新区。

“阿里系”“浙商系”“浙大系”“海归系”四大生力军推动杭州创

业大潮奔涌向前。杭州这片创业热土上还涌现出一些独角兽企业。从《2019 杭州独角兽 & 准独角兽企业榜单》可以看到：杭州独角兽有 30 家，其中新进独角兽 12 家；准独角兽有 138 家，其中新进 67 家。这些企业主要集中于企业服务（占比 26.09%）、医疗健康（占比 15.22%）、先进制造（占比 12.32%）和电子商务（占比 12.32%）等领域。

在数字经济的“杭州速度”背后，是政企学研整个完备生态体系的合力之功。众创空间、高科技孵化器、产业化基地等的引培作用持续发力，西湖大学、之江实验室、云栖工程院等一批高端创新载体的不断丰富，逐渐成为一股强劲的科技创新驱动力，持续为城市发展指明方向和输送装备。统计显示，杭州的人才净流入率连续三年位居全国第一。这些人才又为杭州下一步的产业发展提供了强大的智力支持，进而形成一个人才和产业的良性循环。

在 G20 杭州峰会之后，杭州拥有 2022 年亚运会、建设中国（杭州）跨境电子商务综合试验区和国家自主创新示范区等重大历史发展机遇，城市建设和国际化进程正在加速推进。杭州还积极投身“一带一路”倡议、长三角一体化、粤港澳大湾区等国家政策中，谋求更多的发展机会。

然而，杭州自身发展也存在很多压力。经济转型升级压力较大，新旧动力转换还未完成；自主创新能力不强，束缚创新创业的体制机制障碍较多；城市国际化水平不高，城乡区域发展不够平衡；资源约束趋紧，环境承载力不足，“城市病”显现；人口老龄化压力增大，民生保障任务依然繁重；影响安全稳定的各类风险隐患仍然存在，维护公共安全、促进和谐发展所面临的挑战仍然较大。这些压力也迫使杭州需要用高科技的手段来解决发展中存在的问题，突破发展瓶颈。

因缘际会，城市大脑的诞生地是杭州，也只能是杭州！

正如浙江省委常委、杭州市委书记周江勇所说，建设城市大脑是杭州抢抓新一轮科技革命和产业变革新机遇的战略部署，是杭州发展数字城市的生动实践，是践行以人民为中心发展思想的创新举措，是打造全国数字经济第一城的“金名片”，是实现社会治理现代化的“金钥匙”，是提高人民群众获得感、幸福感和安全感的“小精灵”。

二、交通领跑，世界瞩目

交通问题是杭州亟待解决的“老大难”问题，杭州交通拥堵状况长久以来为人们出行带来了很大不便。为治理交通拥堵，杭州市委、市政府出台了多项举措。例如：2011 年 10 月起实施工作日交通高峰时段区域“错峰限行”交通管理措施；2014 年 5 月起实行全市小客车总量调控管理，同时加快杭州地铁、快速路网等交通基础设施建设。这些总体的供需调控在一定程度上缓解了交通问题，但杭州仍需更精细化的供需调控措施以更大程度地解决交通问题。

2015 年，杭州还在堵城排行榜中位列第 4，杭州市的交通每天有 7 小时处于拥堵或严重拥堵状态，全年处于拥堵和严重拥堵状态的累计时间超过 1 600 小时。也就是说，杭州一年持续堵车时间长达 70 个昼夜。其全年累计拥堵时长超越一线城市北京、上海、广州和深圳。平峰期也较拥堵的杭州成为年度全国堵车时间最长的城市。[①] 这对杭州人民的幸福指数和杭州的经济发展都是极为不利的。

---

① 资料来源：高德和中国高速公路交通广播联合发布的《2015 年度中国主要城市交通分析报告》。

2016年10月，杭州市发布了全球第一个城市大脑计划。杭州这座城市将安装一个人工智能中枢——杭州城市数据大脑，让数据帮助城市来做思考和决策，将杭州打造成一座能够自我调节且与人类良性互动的城市。交通成了第一个试验的领域。

2017年10月，杭州城市大脑交出了一周年答卷，发布了令人耳目一新的杭州城市数据大脑1.0版，并公布了运行的成效。总体上，在主城区与交通数据相连的128个信号灯路口，试点区域通行时间缩短15.3%。2017年，杭州市拥堵排名从2015年的全国前3位下降至第48位，第二季度甚至降至第57位。

在主城区，城市数据大脑日均报警500次以上，准确率达92%，大大提高了执法指向性。杭州市交警支队已经在主城区部署了杭州城市数据大脑以进行红绿灯调优，并即时提供出警决策。在高速路上，杭州最堵的高架道路中河高架平均延误率降低15.3%，节省出行时间4.6分钟。在萧山区试点范围内，120、119、110等特种车通行速度提升超过50%，救援时间减少7分钟以上。

城市数据大脑首先在交通领域进行领跑实践，其成绩单也让杭州在全国城市治理的赛道上领跑，对现代城市治理能力建设具有重要的示范意义。杭州城市数据大脑1.0让国内外的政界和产业界都看到了一种新的城市治理模式和智慧城市发展方向。同时，杭州交通科技治堵的新举措大获成功，吸引着信息领域和交通领域的研究者们积极投身产业界，纷纷涌入杭州，推动这一创新模式发挥更大的社会价值。

三、多点开花，逐步覆盖

城市数据大脑1.0不仅极大地提升了杭州城市交通的通行能力和

出行体验，而且让杭州这座城市在G20峰会之后再次成为世界关注的焦点。作为新型智慧城市建设模式的一种探索，杭州城市数据大脑寄托了全世界人民的期待，背负着更多的历史使命，开始朝着更深入的方向摸索（见表3-1）。

表3-1　杭州城市大脑重要里程碑

时　间	里程碑事件	意　义
2016年	提出“城市数据大脑”概念	标志着城市数据大脑的诞生
2016年10月	杭州市宣布启动全球第一个城市数据大脑建设	标志着城市数据大脑走向落地
2017年5月	杭州城市数据大脑交通信号配时中心成立	杭州智慧城市“灵敏的双手”建成
2017年7月	杭州城市数据大脑1.0正式上线	验证了城市数据大脑的可行性
2017年10月	杭州城市数据大脑1.0试点成果发布	验证了城市数据大脑的有效性
2017年11月	城市数据大脑被列为国家首批4家人工智能开放创新平台之一	表明杭州城市数据大脑技术的全国领先性
2018年5月	《杭州市城市数据大脑规划》发布	明确顶层设计
2018年9月	杭州城市数据大脑2.0正式发布	杭州城市数据大脑进入深化实施阶段
2018年10月	召开打造全国数字经济第一城动员大会	城市大脑建设进入了快车道，设立专班进驻集中攻坚
2018年12月	杭州城市大脑综合版上线	杭州城市数据大脑进入扩展应用阶段
2019年7月	杭州城市大脑2019年年中发布会	发布了“531”顶层架构

资料来源：银江研究院内部资料。

在城市数据大脑 1.0 之后，杭州城市数据大脑不但将交通领域的试点范围扩大至全市，并且对其在杭州整个城市所有领域进行铺开做了研究和部署。

于是，我们看到了预料之中的杭州城市数据大脑 2.0。与城市数据大脑 1.0 相比，城市数据大脑 2.0 大幅度增加了试点范围：面积从 2016 年的 15 平方公里扩大到 420 平方公里，覆盖了主城区全部限行区域、萧山城区和余杭区的临平、未来科技城两个试点区域，相较于一年前扩大了 28 倍。另外，城市数据大脑 2.0 在功能上支持各区、县（市）的分域应用，在改善交通、服务民生方面，实现了包括掌握全局交通态势、警情闭环处置、实施人工智能配时、拓展民生服务渠道在内的 4 项新突破。

在功能方面，城市数据大脑 2.0 日均自动发现警情 30 000 余起，为传统接警数量的 9 倍。城市数据大脑 2.0 还能自动发现套牌改装、乱停乱放等 110 种警情，并进行规律性分析，研判生成堵点、乱点和事故隐患点。

2018 年，杭州各部门推进城市数据大脑的热情高涨。我们看到了临平在社会治理领域的探索，还有在医疗、城管、环保、旅游等领域积极推进的身影。这些事情都发生在 2018 年 5 月《杭州市城市数据大脑规划》正式发布之后，其是杭州城市数据大脑的有力指导纲领和实施路径，促使各项工作更加有序推进，在健康、旅游、城管等领域陆续取得成果。作为城市大脑终极版的 3.0 综合版（见图 3–1），几乎让人们看到了它最终的面目。

杭州城市大脑综合版上线意味着：杭州城市大脑从此有了一个中枢系统，并从此前单一的交通领域扩展至城管、卫健、旅游、环保、

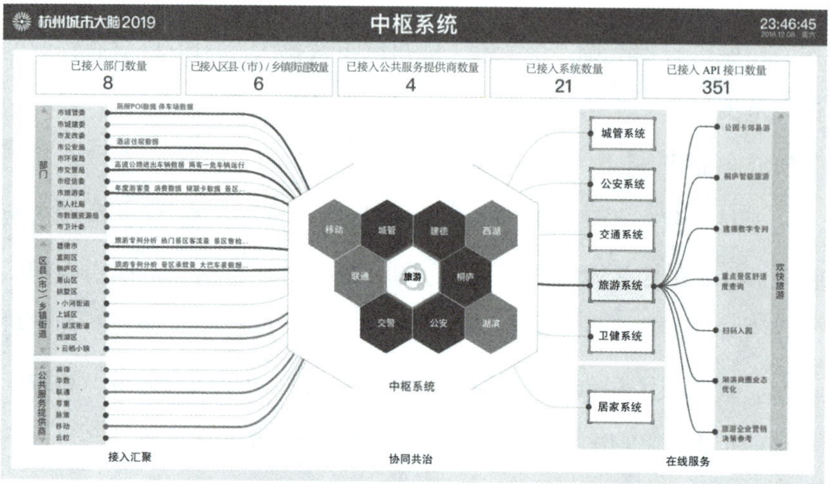

资料来源：http://www.sohu.com/a/285539894_349129。

图 3-1　杭州城市大脑中枢系统

警务等领域，让城市治理更加精细化，让市民生活更加便利。在杭州，市民出门办事“最多跑一次”，全市 59 个政府部门的 368.32 亿条信息汇聚在政务服务平台上。市民可凭身份证一证通办 296 项事务，超过 95% 的超市便利店、超过 98% 的出租车、5 000 余辆公交车都支持移动支付，智慧医疗让近 7 000 万人在杭州市属医院的看病时间平均缩短两小时以上……

2018 年 10 月，杭州市委在云栖小镇召开打造全国数字经济第一城动员大会，城市大脑建设进入了快车道，29 个专班的 300 余人进驻云栖小镇集中攻坚。

2019 年 7 月，杭州城市大脑 2019 年年中发布会在云栖小镇举行，发布了“531”体系及最新成果。自此，城市大脑的逻辑构架不断完善，机制平台不断形成，应用场景不断丰富，形成了警务、交通、城管、文旅、卫健、房管、应急、市场监管、农业、环保、基层治理 11

大系统等 48 个场景同步推进的良好局面。新的便民惠民场景成为人们关注的重点，比如舒心就医・最多付一次、欢快旅游、便捷泊车・先离场后付费、“非浙 A 急事通”、街区治理等。

“让数据说话”和“让数据跑路”的理念得到大力普及和应用，大大提高了群众的民生服务获得感。杭州被陆续贴上“移动支付之城”“移动办事之城”“智慧医疗之城”等标签。随着数字经济、智慧亚运的大力推进，“数字经济之城”“智慧亚运之城”等新标签正逐渐显现。

| 第二节 |
遍地开花：城市追赶

多少事，从来急；天地转，光阴迫；一万年太久，只争朝夕。

当下，这就是全球智慧城市新一轮升级大潮的真实写照。

人工智能、大数据、云计算、区块链等技术的大发展，开始驱动智慧城市发展进入新一轮的升级赛道。类似“城市大脑”这样的“增智”系统，正在逐渐成为城市的“标配”，仿佛“谁家没有大脑都不好意思串门了”。

一、国内城市竞逐

在杭州城市数据大脑 1.0 发布之后，杭州以建设成效明显领跑全国，成为新型智慧城市建设的一个标杆。

在深圳这个新型智慧城市标杆市，深圳市城市运营管理中心就是一个实实在在的“城市大脑”。该中心利用深圳超算中心计算资源，全面接入电子政务资源中心数据，逐步接入电信运营商等社会数据，推进技术、业务和数据融合，勾画出了完整的“城市运行图”。

南方的风吹到北方，滋养北方的土地。2017年11月，雄安新区宣布推进城市大脑，探索智慧城市管理新模式并打造未来城市的标杆和中国样本。2018年1月，北京率先通过媒体传出消息：未来北京将建设“城市大脑”（城市大数据平台），以有效缓解城市拥堵以及解决停车难题。北京选择在海淀区先行试点视觉中枢（视频图像大数据平台）。

距离杭州200多公里的三线城市衢州尽管不与杭州接壤，但其在杭州城市科创大走廊的未来科技城投掷了一块“飞地”衢时代，紧跟技术和产业发展前沿。2018年1月，衢州正式发布了城市大脑，仿佛向世界宣告城市大脑并不是一、二线城市的专利，一时间成了科技圈的热点。衢州主要借鉴杭州的经验，首先落地的也是智慧交通项目。

距离杭州100多公里、处于智慧城市领先地位的宁波在2018年9月发布了城市大脑“CityGo”。城市大脑的CityGo平台，不仅是城市数据管家，同时也是城市智能中枢，有助于城市进行协同创新和智能运营。该平台已经在宁波市环保局、市政务云等多个单位进行应用、测试和验证。

2019年6月，《浙江省“城市大脑”建设应用行动方案》发布，致力于打造全国“城市大脑”建设与应用的浙江样板，正式开启了在全省推广城市大脑治理经验的步伐。

2018年2月，国家发改委2018年数字经济重大工程之一“大数据与城市管理（静安）项目”正式启动，将基于上海城市管理中的“民生热点、政府痛点、管理难点”问题，以数据汇聚和共享为途径，构建起一张整合城市管理的“数据湖”网络，面向交通、健康医疗、食品安全、环保、城市公共设施五大领域形成大数据创新应用。作为超大型城市的上海正着力加强城市管理精细化工作，运用大数据、云计算、人工智能等先进技术，实现“神经元系统”全覆盖，加快建设“城市大脑”，打破数据壁垒，实现各种问题、风险的及时智能化处置。

此外，西安、重庆、广州、长沙以及众多大中小型城市在智慧城市建设成果的基础上也开展了相关的“城市大脑”建设项目。“城市大脑”项目已经在全国遍地开花，争奇斗艳。

正如10多年前的智慧城市一样，城市大脑源于杭州，但不为杭州独有。不同城市对城市大脑都有不一样的理解（见表3–2），其共同点主要有两个：一是城市大脑是智慧城市系统之系统，即各城市功能集成平台的集成平台；二是核心功能在于使用人工智能等前沿科技，以数据为生产资料，创造解决场景需求的应用。

表3–2 各城市对城市大脑的理解

城市	定义描述
杭州城市数据大脑	城市数据大脑是一个按照城市学“城市生命体”理论和“互联网＋现代治理”思维，创新运用大数据、云计算、人工智能等前沿科技构建的平台型人工智能中枢。其整合汇集政府、企业和社会数据，在城市治理领域进行融合计算，实现城市运行的生命体征感知、公共资源配置、宏观决策指挥、事件预测预警和“城市病”治理等功能
宁波CityGo城市大脑	宁波城市大脑不仅打通城市信息要素，而且要建立一个开放式智能应用平台。换句话说，CityGo就是城市数据的“大管家”，城市智能的“神经中枢”，城市运营的“金算盘”和城市数字创新的“中继站”
北京海淀区城市大脑	整合区域内各政务系统，集纳整合信息资源，开发“城市大脑”综合系统，即一张感知神经网、一个智能云平台、两个中心（大数据中心、人工智能计算处理中心）、*N*个新应用，综合运用大数据、云计算、人工智能等技术，将多个部门的数据信息实时共享，对区域内公共安全、城市环境、交通出行、环保生态等问题进行智能分析与“对症下药”

（续表）

城　市	定义描述
深圳城市交通大脑	城市交通大脑从顶层设计入手，全面规划深圳城市交通体系，并以视频云、大数据、人工智能为技术核心，建立一个统一、开放、智能的交通管控系统。同时，通过构建统一的数据采集、分析及处理平台，实现信息资源高度共享、融合和综合利用，汇集成大数据资源池，实现交通数据的全覆盖、全关联、全开放和全分析，从而给市民提供更加优质和高效的交通服务

资料来源：银江研究院内部资料。

城市大脑正被各大城市快速复制推广，这注定是一场激烈的赛跑。但对城市来说，建设的大脑是否真正智能，决定了千万百万的市民未来是否幸福。城市决策者需要保持冷静的头脑，擦亮眼睛，选择适合该城市发展需要的城市大脑方案，不要跟风式地搞城市大脑，也不要莫名地买一堆昂贵的硬件或软件。

城市大脑的可复制性是一般智能硬件厂商无法做到的，配套免费软件的实际效果与真正的数据智能相差甚远。而且，配套免费软件的每一次落地意味着当地政府需要花费大量资金购买和安装新的硬件，这给本来就已经积压严重的数据库增加了更多数据垃圾，长此以往只会加重数据僵化而做不到真正的智能。[①] 这不是城市大脑！

二、世界的礼物

每一次技术革命都会推动城市文明前进一步。蒸汽机时代，城市的标志是修公路；电力时代，城市的发展是铺电网。互联网时代，数

① 中国青年网．城市大脑和那些追随者 [EB/OL].（2019–4–12）.http://d.youth.cn/newtech/201904/ t20190412_11924958.html.

据成为重要的资源，城市需要构建一个数据大脑以再一次提升文明水平。就像 160 多年前伦敦第一次建设地铁，130 多年前曼哈顿第一次建设电网，城市大脑将成为一个全新的城市基础设施，也是中国应该为世界做出的重要探索和贡献。①

2019 年 4 月 13 日至 16 日，杭州城市大脑受邀参展中国香港国际资讯科技博览（见图 3-2），首次向外界展示杭州在城市发展进程中创新探索出的这套“杭州方案”的经验和成果。整个展区分为“城市大脑”中枢系统展和应用展。中枢系统展展示了杭州大脑的实时数据监控界面，汇聚了城市各类政务数据和公共数据，接入了各级政府和各个部门的各类系统、平台，实现了数据、平台交互载体和枢纽的融合。应用展通过“畅快出行”“舒心就医”“便捷泊车”“欢快旅游”4 个主题展示了应用的具体情况和效果。

图 3-2　杭州城市大脑在中国香港参展

① 王坚. 在线 [M]. 北京：中信出版社，2018.

在展区向世界各国来访者进行时，以及在展区与沙特、阿联酋、新加坡、泰国等国家的对接交流会上，杭州城市大脑获得了诸多国家的高度认可。即将举办G20峰会的沙特官员还专门从香港飞到杭州，进行了实地考察。

从杭州诞生的城市大脑已经飞落到澳门，飞落到吉隆坡，飞向各大洲。澳门将“城市大脑”应用到了交通、旅游、医疗服务、电子政务、环保、海关通关、人才培养、经济预测八大领域。在马来西亚首都吉隆坡，人工智能被全面应用到交通治理、城市规划、环境保护等领域，其首先落地的也是智慧交通，比如红绿灯动态调节、交通事故检测、应急车辆优先通行。

耶鲁大学的《明日之城：传感器、网络、黑客和城市生活的未来》一书指出：城市的进化从根本上来说不是通过线性发展达成的，而是一些重要的转折点重新定义了城市的本质。①显然，当下人工智能、物联网、云计算、区块链、虚拟现实等新兴技术的迅速发展与应用，使城市再次来到了重新定义的转折点。

11年前，智慧城市起源于高科技高地美国，在世界范围引发了一场持续至今的“城市运动”。当下，“城市大脑”脱胎于具有千年文化和科技日益强盛的中国，是一个“中西合璧”的礼物，将推动世界城市发展走向新的文明。

① Carlo Ratti, Matthew Claudel. The City of Tomorrow: Sensors, Networks, Hackers, and the Future of Urban Life[M]. Yale University Press, 2016.

| 第三节 |
群芳斗艳：企业角力

我们已经看到各大城市在城市大脑建设上你追我赶，纷纷试图借此走向新一轮绿色、健康的高质量发展之路。与“城市大脑”同行的是“数字经济”，站在城市背后的是以创新求发展的科技型企业。新兴科技的冲击和商业模式的改变迫使企业进行战略调整。在城市大脑的带动下，科技型企业纷纷提出了新的战略或定位（见表 3-3）。

表 3-3 城市大脑战略典型企业

时　间	企业简称	企业类型	企业战略或定位
2015 年年初	京东	互联网独角兽	京东大脑
2016 年 4 月	阿里巴巴	互联网巨头	阿里云 ET（人工智能系统）城市大脑
2016 年 9 月	百度	互联网巨头	百度大脑
2017 年 6 月	银江股份	系统集成商	城市大脑运营商
2018 年 1 月	滴滴	互联网独角兽	滴滴交通大脑
2018 年 5 月	腾讯	互联网巨头	腾讯城市超级大脑
2018 年 5 月	华为	通信巨头	华为交通大脑平台

资料来源：银江研究院根据网络公开资料整理。

一、巨头争霸

城市大脑是连接系统的系统，汇聚了全社会的数据。其涉及面之广、数据量之大、计算和网络要求之高完全超出了传统信息化建设的框架。这决定了城市大脑的主要玩家不会是传统的系统集成商。

建设国家新一代人工智能开放创新平台是《国家新一代人工智能发展规划》的重要内容。新一代人工智能开放创新平台依托人工智能技术领军企业，旨在以应用需求为牵引，促进人工智能与实体经济深度融合，推动技术研发，促进开放共享，支撑创新创业，引领我国人工智能技术创新和产业生态建设。科技部在 2017 年 11 月发布了第一批国家新一代人工智能开放创新平台，目前在建的一共有三批 15 个（见表 3–4）。其中，城市大脑国家新一代人工智能开放创新平台是最早建设的一批，其技术、生态等都较为成熟。

表 3–4 国家新一代人工智能开放创新平台汇总

序号	依托公司	建设平台名称
第一批（2017 年 11 月）		
1	百度公司	自动驾驶国家新一代人工智能开放创新平台
2	阿里云公司	城市大脑国家新一代人工智能开放创新平台
3	腾讯公司	医疗影像国家新一代人工智能开放创新平台
4	科大讯飞公司	智能语音国家新一代人工智能开放创新平台
第二批（2018 年 9 月）		
5	商汤集团	智能视觉国家新一代人工智能开放创新平台
第三批（2019 年 8 月）		
6	上海依图网络科技有限公司	视觉计算国家新一代人工智能开放创新平台
7	上海明略人工智能（集团）有限公司	营销智能国家新一代人工智能开放创新平台
9	华为技术有限公司	基础软硬件国家新一代人工智能开放创新平台
9	中国平安保险（集团）股份有限公司	普惠金融国家新一代人工智能开放创新平台
10	杭州海康威视数字技术股份有限公司	视频感知国家新一代人工智能开放创新平台

（续表）

序号	依托公司	建设平台名称
11	北京京东世纪贸易有限公司	智能供应链国家新一代人工智能开放创新平台
12	北京旷视科技有限公司	图像感知国家新一代人工智能开放创新平台
13	北京奇虎科技有限公司	安全大脑国家新一代人工智能开放创新平台
14	北京世纪好未来教育科技有限公司	智慧教育国家新一代人工智能开放创新平台
15	北京小米移动软件有限公司	智能家居国家新一代人工智能开放创新平台

城市大脑在商业模式上已经多次践行了“城市总包”，也出现了“系统集成商的集成商”（这个角色目前基本上是由“巨头”总包的）。这些“大佬”也都纷纷亮出了各自的“大脑”定义（见表3-5）。

阿里云于2016年首创城市大脑。其ET城市大脑采用性能和成本双领先的大数据计算能力、海量多源数据规模化处理与实时分析技术、实时视频识别及自动巡检技术、类脑神经元网络物理架构，从而利用实时全量的城市数据资源全局优化城市公共资源，即时修正城市运行缺陷，实现城市治理模式、服务模式和产业发展的三重突破。该平台主要用于优化城市治理，已经在杭州、衢州、苏州、德清、上海、海口、西安、重庆、澳门、吉隆坡等境内外十几个不同规模的城市落地。

2017年11月14日，华为在巴塞罗那全球智慧城市博览会上发布的智能运营中心（IOC）本质上就是一个“城市大脑”，包括云数据中心、集成通信平台、物联网平台、大数据平台和GIS（地理信息系统）云平台。华为的城市中枢神经系统包括有线和无线宽带网络、物联网平台、操作系统，经末梢神经感知后大脑能决策并指挥，从而带来物理世界的改变，这些使得城市形成完整的“循环”。

表 3-5 巨头们对“大脑”的定义

企业概念	“大脑”定义或内涵
阿里云 ET 城市大脑	城市大脑是阿里巴巴集团普惠科技群的“制高点”，以阿里云的弹性计算与大数据处理平台为基础，结合机器视觉、大规模拓扑网络计算、交通流分析等跨学科领域的顶尖能力，在互联网开放平台上实现城市海量多源数据收集、实时处理与智能计算
百度大脑	人工智能对百度的意义就是百度大脑。百度大脑是百度人工智能技术多年积累和业务实践的成果，包括视觉、语音、自然语言处理、知识图谱、深度学习等人工智能核心技术和人工智能开放平台
腾讯城市超级大脑	“超级大脑”是腾讯技术输出的体系平台，是让“AI in All”①的智能操作系统。城市超级大脑针对不同城市的场景化、细分化需求，覆盖了智慧交通、智慧安防、智慧政务、智慧园区等功能。比起单一的警务平台，城市大脑搭建起了全方位、多层次的生态服务体系，旨在实现从便利性的量变到提升城市管理水平的量变
华为交通大脑平台	华为交通大脑平台关注的是各个参与方的核心交互、快速交互、协同交互。平台包括云计算、云存储、云网络、交通大数据湖、开放算法仓，以及交通视频分析算法、违法智能分析算法、时空分析算法、信号优化算法
滴滴交通大脑	滴滴交通大脑是兼备云计算、人工智能技术、交通大数据和交通工程的智能系统，也是智慧城市面向未来的标配。一方面，它在空间上打破了城市内区域的“数字”壁垒，实现了高效、全面的交通管理和协同；另一方面，它在时间上突破了人类的决策能力极限

资料来源：银江研究院根据网络公开资料整理。

2018 年 5 月 23 日，腾讯在“云 + 未来峰会”上正式推出超级大

① AI in All 是腾讯的战略方针，即让人工智能技术与各行各业结合起来，将腾讯自己开发的人工智能技术开放出来，让人工智能技术的价值得到发挥。

脑（TI Matrix），这是其面向未来 10 年的技术输出体系。腾讯超级大脑的本质是一款能够连接云、边、端的“智能操作系统”，包括感知技术、智能交互等技术。腾讯超级大脑智能连接云、边、端与行业，推动所有行业实现数字化转型，率先在医疗、城市、工业、金融和零售 5 个行业展开。在落地方面，其主要在深圳市坪山区、广州、重庆、长沙、三亚等区市布局。

百度在 2018 百度世界大会上发布百度人工智能城市“ACE 王牌计划”，以自动驾驶、车路协同、智能城市为发展脉络，基于智能化、自动化、连接激活、高效的理念，让人工智能落地到城市，推进城市综合治理。目前，百度大脑已在北京海淀区西北旺镇、上海、长沙等地方落地。

城市大脑的第一个主战场就是智慧交通行业。2017 年和 2018 年铺天盖地而来的各种交通大脑，让人应接不暇，然而它们基本上是围绕红绿灯这个古老的故事而展开的。以交通出行新星滴滴出行为例，其在 2018 智慧交通峰会上推出了滴滴交通大脑，主要运用人工智能的决策能力解决交通工具与承载系统之间的协调问题。滴滴交通大脑包含数据中枢、分析中枢、控制中枢，三者相互联动形成“发现—决策—行动”的闭环。当年，滴滴交通大脑就被济南、苏州等 20 多个城市采用。

二、百家争鸣

在城市大脑的舞台上，不论是城市大脑还是交通大脑，最闪亮的就是前面提到的那些巨头。然而，只有人工智能与具体的场景结合，算法才能进行反馈和优化，数据的价值才能发挥出来。因此，智慧城市传统细分领域的那些龙头企业在这场城市新运动中发挥着将人工智能技术与领域技术融合的重要作用，同时也在积极转型，推出更加实用的解决方案和服务。

银江股份在2009年10月上市的时候，正式对外宣布“智慧城市”战略，是国内最早提出“智慧城市”理念并成功应用实践的企业之一，对推动智慧城市在中国的发展起了重要作用。10多年的实践经验让银江股份对全国智慧城市建设状况有着深刻的理解。作为最早参与杭州城市大脑建设的重要企业之一，银江股份率先嗅到未来城市发展的方向，并在2017年将公司定位为“城市大脑运营服务商”——融合人工智能技术和领域技术，为智慧城市赋能。结合“人工智能+大数据+云计算”等技术，银江股份相继推出并深化了“交通大脑”“健康大脑”“司法大脑”三大子战略体系，并在杭州、上海、沈阳、南昌、西安、福州、太原等地落地试点并推广应用。①

万达信息是一家在医疗卫生行业信息化领域耕耘了20多年的龙头企业，其在2018年9月推出了“健康大脑”——以“健康中国2030”为导向，以健康信息化的模式协助各城市地区的政府单位提高业务能力，最终持续提升城市地区居民的整体健康水平。该平台不仅涵盖医疗服务、疾病防控、健康保障、健康环境等多维度大数据分析，还包括多类型的综合健康大数据分析模型。目前，万达信息“健康大脑”相关产品已经在上海、海南、四川、湖南等省市落地运营。

易华录、旷视科技、佳都科技、泰瑞天际等公司也根据市场需求进行调整和升级，都在各自擅长的领域推出了相应的“大脑”战略或产品。

① 资料来源：银江股份有限公司2018年年度报告。

第四章
城市大脑全揭秘

城市大脑日渐增多，惊人的成绩之下到底藏着怎样的秘诀。本章尝试回答一些很多人心里的疑问，包括概念上的、技术上的、经济上的……

第一节
给城市大脑画一个像

尽管细数了杭州城市数据大脑这 3 年来的发展历程，也阅览了其他地区的城市大脑风光，饱读了 BATDH[①] 及其他公司的城市大脑方案，城市大脑这个概念依旧抽象地存在于我们的大脑中。每个人的脑海里会浮现不同的画面：有些是一张上面画着集成电路且科技感很强的大脑图片，有些是一个小精灵。

① BATDH 是百度（Baidu）、阿里巴巴（Alibaba）、腾讯（Tencent）、滴滴（Didi）和华为（Huawei）六大公司的英文首字母组合。

一、城市大脑是谁的“脑”

显然，城市大脑是一个拟人的说法。所以，要想知道什么是城市大脑，我们就要先了解“城市”。

我们之所以称城市为“人”，主要是基于城市的生命体理论。城市是人类社会发展过程中在一定区域内形成的、以非农业人口为主体的经济、政治、社会、文化、生态要素高度聚集的复杂巨系统。这个巨系统表现出了显著的生命特征，如新陈代谢、应激反应、自适应机制、生长变异。而智慧城市则是物理城市在信息世界的客观反映和连接，为每种特征提供信息化支持以增强城市的生命力。

智慧城市系统与城市本体融合，智慧交通、智慧市政、移动互联网等分别支撑着物流网、能源网、信息网等城市基础设施的运行，而智慧政务、智慧城管、智慧医疗、智慧教育等则支撑着社会、经济、文化等城市功能。这些信息系统让城市变得更有活力。

当城市遭遇内外部环境的突然变化（如洪涝灾害、踩踏事件等）时，城市自身的应激系统会做出反应，并以某些方式表现喜怒哀乐。这些情绪有来自自然属性的“自然情绪”，比如地震引起的伤痛和沉重，好天气和美景带来的愉悦；有来自城市功能的“运行情绪”，比如常常遇到的交通拥堵、道路积水、节假日景点人满为患等；还有来自人类群体的“社会情绪”，比如奥运会的振奋自豪、疫情的全民恐慌、拆迁安置纠纷等。

城市在应对内外环境的挑战中，不断改变自身机制，增强自适应能力，提高生存发展能力和与其他城市竞争的能力。在城市发展过程中，城市在空间、结构及各支撑子系统上持续丰富和完善。改革前后的深圳，在短短的一二十年间，从渔村变成国际城市。由此可见，城市也会生长变异。

未来城市（见图 4-1）必定是一个与自然相处更和谐的生态城市，是一个生活更加幸福的人文城市，是一个科技更先进的智能城市……这样的城市不仅四肢灵活、经络通畅，而且头脑发达，拥有强大的自控力、学习力、自我修复能力和加强变异能力。

图 4-1　未来城市

从古至今，城市变化的脚步在不断加快，城市之间的竞争也在不断加剧。如果城市的变异能力较差，不能适应世界发展，那么不论曾经和当下怎样，它都会被时代抛弃。学习是获取竞争力最重要的途径。《第五项修炼》一书指出：未来唯一持久的优势就是你有能力比你的竞争对手学习得更快。这句话同样适用于城市！因此，“城市大脑”在当今世界至关重要。

二、城市大脑是什么样的"脑"

充满智慧的"城市大脑"从来没有不重要过，它一直支配着城市的发展，决定着城市的命运。

上古时期，传说中原地带洪水泛滥，人民流离失所，水患给人民带来了无边的灾难。在这种情况下，尧决心要杜绝水患，委任鲧来治理洪水。鲧治理了 9 年，水患还是没有消退。尧后，舜委任鲧的儿子禹来治水。禹吸取了父亲采用堵截方法治水的教训，发明了一种疏导治水的新方法，并同时治理山路和水脉。他一共花了 13 年的时间将汹涌的洪水变成了平缓东流的河水，让人们在河的两边过上了富足的生活。

大禹治水讲究的是智慧，他将河水、山路、水脉等统筹考虑，建立了有利于部落发展的"水系"。大禹及其建设的"水系"应该就是有记载的最早的"城市大脑"吧！我们应该摸索规律，建立联系，并将规律嵌入实践，以促进城市的发展。

当今时代，在互联网、移动互联网的支持下，信息高度发达，世界变成了一个"小世界"。人们几乎可以随时随地进行面对面的互动交流。如果匈牙利作家考林西（Frigyes Karinthy）能晚生一个世纪，用上微博或微信，那么他在 1929 年就应该不会提出六度人脉关系理论了。"你和任何一个陌生人之间所间隔的人不会超过 6 个"或许要变成"你和任何一个陌生人之间所间隔的就是朋友圈的一次转发"。

信息爆炸时代，朴素的城市很难保持吸引力。因为目前西藏珠穆朗玛峰海拔 6 500 米处都已经建设了通信基站，为 2008 年北京奥运圣火顺利跨越珠峰和人类登山事业提供通信保障服务。一个能够让城市屹立在城市丛林中的"大脑"一定连接着城市的每一个地方，知晓城市的每一个状况，它常常无声地处理一些“小意外”，偶尔果决地发起一场“大运动”。这个“大脑”集聚海量信息，高速运转，充满智慧。这个变异的“城市大脑”就是当下我们正在讨论的“城市大脑”。

“城市大脑”是城市智慧的主要源泉，给当下智慧城市赋能，让城市生活更美好！如果要给它一个定义，那么简单地说，城市大脑就是基于科学规律，采用信息技术手段构建的城市数据中枢和智能中枢，它让城市拥有更健康的体系，能够自动治愈“城市病”，从而让城市焕发更强的生机。

经过 10 多年的智慧城市建设，城市已经累积了海量数据，然而很多数据都没能很好地连接起来形成知识，也没有发挥出更大的潜在价值。智慧城市这个“人”已经是一名求知欲极强的“适龄儿童”，到了要加强自身思维能力的时候了。因此，构建以发掘数据价值、活跃城市数据资产为核心的“城市大脑”是智慧城市发展的必然方向和必然结果，也是城市寻求良性变异的重要抓手。

三、城市大脑有分工吗

“城市大脑”源自城市学的生命体理念。人体有神经系统、呼吸系统、血液循环系统、运动系统、内分泌系统、消化系统、代谢系统、生殖系统八大系统，这些系统协调配合，使人体内各种复杂的生命活动能够正常进行。其中，神经系统是人体内起主导作用的系统，包括脑和脊髓组成的中枢神经系统、脑神经和脊神经组成的周围神经系统。大脑作为人体的神经中枢，指挥着人体的一切生理活动。根据功能的不同，大脑被划分为若干特定的功能区域，比如感觉区、记忆区、语言区、识字区和运动区等。

如果把城市比作有躯体、有智慧、有情绪的人，城市大脑就是智慧城市复杂巨系统中最高级部分的拟人表述，它支配着城市的行为，并保证城市各项机能可以正常运转。而城市大脑的特定功能分区（见图 4–2）就是指挥不同城市功能的分区，比如政务、交通、医疗、旅游等。

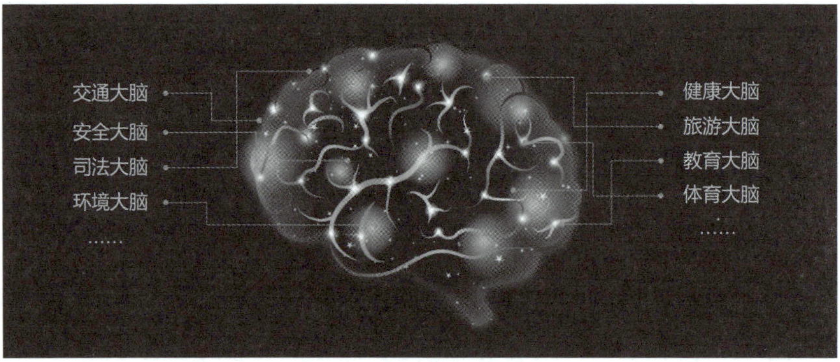

图 4–2 城市大脑功能分区

在人脑中，小脑是运动的重要调节中枢。因此，我们认为城市大脑的功能分区不能用小脑这个专有名词来表达，于是采用城市功能大脑来表述，如交通大脑、健康大脑。

例如，当高速公路上发生一起两车相撞事故时，若没有人员伤亡，城市大脑中就只有交通大脑会活跃起来；如果发生了火灾和重大人员伤亡，那么安全大脑和健康大脑也会活跃起来，随后是司法大脑。

我们的城市正在进行新一轮升级。未来世界上每一座城市都将拥有一个更强的大脑，采用信息融合的现代城市治理模式，更好地改善和提升城市的功能，让人们生活得更幸福。

第二节
探寻城市大脑

在对城市大脑有一个明确概念之后，我们将进一步探索城市大脑的机制及其最终发展方向。

一、城市大脑的存在空间

从多维空间的角度来说，一个智慧城市在物理空间、社会空间、信息空间相互关联和融合。城市在信息空间有一个对应的数字孪生城市①，反映现实城市运行全过程，驱动城市智能运行、迭代创新。换句话说，城市在物理空间有一个对应的城市，在信息空间也有一个对应的城市。

物理空间的城市和信息空间的城市的虚实互动，可以通过 ACP 方法②来实现（见图 4-3）。A 是指人工系统（artificial systems），即构建与真实系统相似的人工系统；C 是指计算实验（computational experiments），即利用当前高效的人工智能、机器学习等方法来对构建的不同数学问题进行求解和分析；P 是指平行执行（parallel execution），即用人工系统来指导真实系统，同时真实系统也可提升人工系统。这 3 个系统是同时运行和发展的。

在人工系统的构建过程中，人工系统与真实系统的一致性需要得到保证，只有在足够准确的模型基础上获得虚拟控制和决策，人工系

① 资料来源：中国信息通信研究院发布的《数字孪生城市研究报告》（2018）。

② 刘腾，要婷婷，于会龙，邢阳，田滨，陈龙，王飞跃．基于人机意图智能融合的平行驾驶技术 [D]. 中国计算机学会通讯，2018，14（8）：55-63.

统才能对真实系统起到指导作用。在具体的实施过程中，人工系统的描绘和构建主要是通过描述学习的方式来完成的。同时，模型的精度可以在平行执行的过程中实时提升。

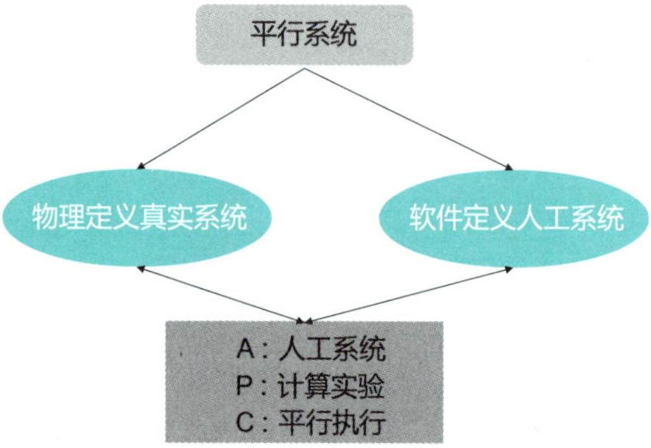

图 4-3　基于 ACP 方法的平行系统

计算实验是在人工系统和真实系统两个维度中同时进行的，而且呈现出越来越智能的趋势。计算实验在真实系统中主要对过去和当前的数据信息进行处理，获得能够指导真实系统运行的知识。而在人工系统中，计算实验主要体现为通过预测学习和引导学习来获取未来的或未经历过的知识，从而使得平行系统更加完备。

平行执行则无时无刻不在平行系统中体现，包括人工系统和真实系统之间的数据流、控制流、模型流等。反馈是人工系统流向真实系统的描述，通过大量的人工智能、机器学习等算法来获得知识，用以引导真实系统；提升是真实系统流向人工系统的描绘，真实系统的知识能够更好地反馈当前整个系统的走向和趋势，从而对人工系统的模型进行引导和修改。

想象一下，城市交通、能源、供水、建筑等基础设施在云端全部被数字化，实体城市和数字虚拟城市同生共长、相互映射。大到建筑物，小到每条电力线路，都能在虚拟城市中找到数字化的自己。这极大地提高了城市管理精度与效率。

城市大脑就存在于这个虚拟空间的人工系统中，用数据、计算、算法等原料和技术来描述和理解现实世界，并向物理世界发送协调信息。城市大脑也不是完全无形的，它寄形于城市自身的数据中心，或者寄形于其他城市的数据中心。但是，城市大脑不是城市的“大脑袋”，不等同于数据中心。城市大脑功能分区在物理空间基本上没有集聚在同一地方，都是分散在各处。

二、城市大脑的总体框架

城市大脑以智慧城市为基础设施建设，通过物联网、云计算、大数据、人工智能和区块链等技术应用，发掘数据资源和数据资产的生产力，驱动城市运营新升级。城市大脑由数据中枢和智能中枢组成，为丰富的智慧城市场景的快速、智能响应提供核心技术支撑，增强城市的思维力，让城市会思考、能决策。城市大脑的总体框架如图 4-4 所示。

城市大脑作为城市的“中枢神经”，由数据中枢和智能中枢双驱动。数据中枢汇聚各行业及相关领域的海量数据，通过技术和机制的创新提供标准接口，实现数据的统一归集、统一管理和共享开放，盘活了数据这一重要的无形资产，创造了业务知识和见解，提升了数据自身的业务价值和管理决策水平。智能中枢主要通过搭建各类算法和模型以及提供服务中间件、数据服务及管理等，为各行业的大脑应用提供服务支撑，实现数据赋能业务并闭环迭代。

数据中枢是城市的智慧之门，只有过了这道门，城市才能进入智

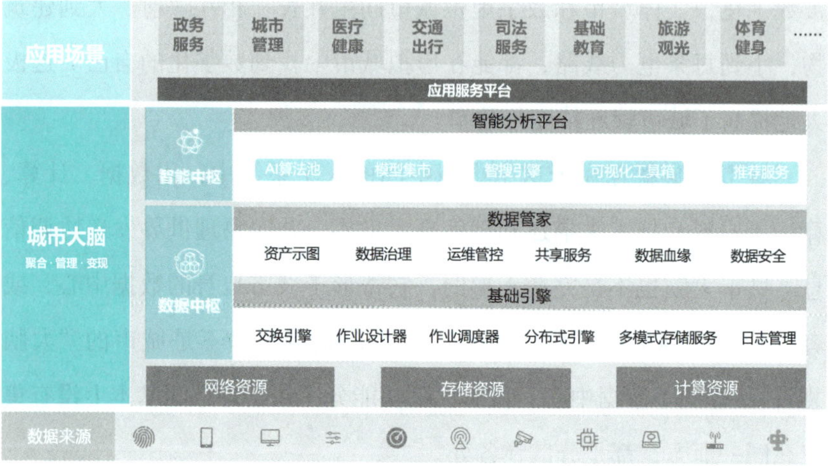

资料来源：银江研究院内部资料。

图 4-4　城市大脑的总体框架

能世界。智能中枢则是进入智慧之门后正式步入的智慧殿堂。数据从数据中枢一步一步走到智能中枢，其价值将得到放大。如果借用生产情景来理解，那么数据这种生产资料经过数据中枢的初加工之后，具备了基本的分析价值，再经过智能中枢深加工之后，其附加值将得到成百上千倍的增长。

用大数据、人工智能、云计算等前沿技术构建的平台型数据中枢与智能中枢，汇聚了城市海量数据资源、网络资源、存储资源和计算资源，支撑着智慧城市各应用场景，包括交通出行、政务服务、医疗健康、居家养老、基础教育、旅游观光、应急救援等城市生活的多个方面，以科学化、精细化、智能化提升大脑各功能系统能级，从而提升城市治理能力，实现城市运行的生命体特征感知、公共资源配置、宏观决策指挥、事件预测报警、“城市病”治理等功能。

大脑是人体最复杂、最重要的器官，是神经系统最高级的部分，被称为“司令部”。形象地说，“城市大脑”就像人脑一样，它接收、存储、分析着遍布全身的神经元所提供的各类信息，并连通指挥着体内每个“器官”工作，从而提升城市管理运行中“手脚和躯体”的效率，更加灵敏地响应智慧城市场景，赋能智慧城市。

城市大脑汇聚城市海量数据，构建支持知识推理、概率统计、深度学习等人工智能范式的城市级指挥与调度平台，从两方面赋能智慧城市。一是提供感知识别、知识计算、认知推理、运动执行、人机交互能力的智能支撑能力，形成城市级视频识别、语音识别、自然语言处理等基础设施，为行业系统、区域中枢（及其应用）提供智能化支持。二是进行跨部门、跨领域、跨区域的即时数据处理，实现数据融合创新，协调各个职能系统，通过大数据、人工智能等技术支撑各行业（包括政务、交通、健康、司法、安全、教育、旅游、工业等）系统有效运行，从而提升系统能级，解决城市综合性问题，修正城市运行缺陷，提高城市运行效率。

另外，强健的神经系统不仅需要城市大脑，还需要城市神经网络，以形成从端点感知、大脑决策到肢体行动的完整神经网络闭环。在神经系统的指挥下，城市的各个系统统筹联动，成为一个有机体。

数据与智能将会成为未来的发展趋势，提升城市智慧是城市发展的重点方向。对于城市而言，城市大脑可以将散落在各个角落的数据（包括政务数据、企业数据、社会数据、互联网数据等）汇聚到一起，依托云计算、大数据、移动互联网、物联网、区块链、人工智能等新兴技术，获取、分析和整合城市运行核心系统的各项关键信息，组合不同模型提供的服务，构建出具备组合效应的创新服务，从而对包括民生、环保、公共安全、城市服务、工商业活动在内的各种需求做出智能的响应，让城市的各个“器官”协同工作，变成一个能够自我调节、与人类良性互动的有机体。[①]

在建设和运营智慧应用时，政府还必须要以人民群众的利益为出发点，致力于提高人民生活水平和人民生活满意度，涉及人民生活的方方面面。这也是不同的城市大脑的独特之处，是形成城市个性的一个方面。

三、城市大脑的五大能力

城市大脑赋能智慧城市依赖五大能力，即感知能力、认知能力、决策能力、控制能力、反馈能力（见图 4–5）。这些能力环环相扣，形成了一个闭环，不断迭代。

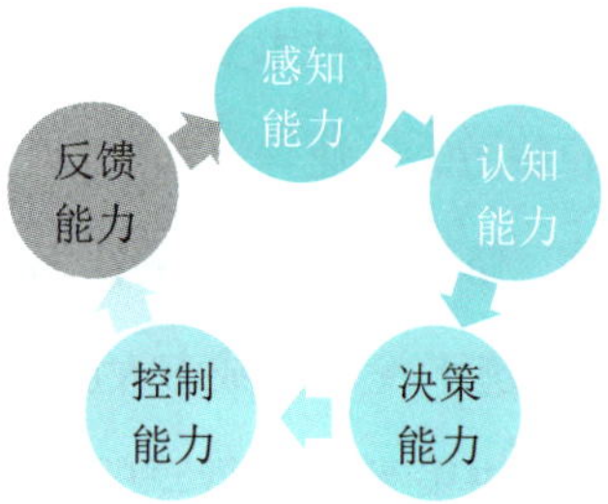

图 4–5　城市大脑的五大能力

1. 感知能力

“城市大脑”的感知能力主要源于智慧城市基础设施，包括但不限于数据采集、存储、计算、传输、控制等设备和系统所产生的数据。基于历史和实时大数据的比较分析，判断城市整体运行状况，找准并

① 阿里云的“城市数据大脑”：比智慧城市高深多了 [EB/OL].（2016–10–13）. http://www.sohu.com/a/ 116071278_114765.

攻克矛盾，实现城市管理由定性向定量管理的转变。城市大脑基础感知建设将根据地方政府的实际需求，完成或完善智慧城市感知能力以及相关基础设施的建设。

2. 认知能力

城市是一个非常特殊且庞大的异构数据聚合体，其数据远远超过人类的认知能力。由于深度学习对计算机视觉的推动，我们对整个城市的感知可以做得更好，也可以知道更多的细节。例如，认知造成交通运行状况的原因包括天气、流量剧增、信号控制不合理、偶发性事故等，通过寻求交通运行状况下的本因，提升城市数据价值与认知能力。“城市大脑”的认知能力主要源于城市大脑的数据中枢和智能中枢，运用各类算法池和模型库对数据进行基础处理及功能化模块应用。

3. 决策能力

由于智慧城市是一个跨系统交互的大系统，是“系统的系统”①，不是硬件的堆叠与软件的重复建设，故而它需要一个中枢神经式的城市指挥系统，这个系统必须具备全面、实时、全量的决策能力——这就是城市大脑诞生的基础。基于状况感知、本因认知，然后进行控制策略决策，制定宏观的城市管理策略。“城市大脑”的决策能力主要源于“城市大脑”的智慧城市应用场景在各细分领域的相关软件、功能化模块及应用。

① 徐振强，刘禹圻. 基于“城市大脑”思维的智慧城市发展研究 [J]. 区域经济评论，2017（01）：102–106.

4. 控制能力

“城市大脑”的控制能力主要源于城市控制系统的建设，主要包括信号灯控制设备、闸口控制设施、引导控制设施等。基于控制策略的指导，制订具体的控制方案（如限行方案、信号控制方案的改变），借助人工智能技术学习模仿和训练固化信号配时等经验，实现控制策略的智能推荐。

5. 反馈能力

被引用到城市管理中的“Bug”，意为城市运营管理中存在某个异常的漏洞或防守薄弱环节或缺陷，即城市“Bug”。[①] 根据下发的控制策略与控制方案，收集整体城市运行状况的数据，并对控制策略与控制方案进行评价反馈。通过控制发现城市“Bug”，然后进行多方修复，最终形成闭环。总结一下，从数据源到感知、认知决策优化、控制，再到反馈，城市大脑打造的是一个具有数据智能的城市。

四、城市大脑的归属

城市大脑是智慧城市发展的必然方向和必然结果，其实质是一个支撑智慧城市运行的数据智能平台，通过数据的聚集、共享和分析优化服务于城市管理的决策支持和资源调配，进而推动城市可持续发展。也就是说，城市大脑是建立在已有的智慧城市信息系统上的一个神经中枢，也是数字经济时代城市治理的重要基础设施。其本质是在已有

---

① 张建芹，陈兴淋．我国“城市大脑”建设的实证研究：以苏州为例 [J]. 现代管理科学，2018（06）: 118–120.

城市生命学基础上的治理模式的创新，体现了城市治理的互联网思维[①]、人工智能思维……

当下，城市大脑被世界上许多城市当作解决城市问题的有效手段，各地也正在上演"城市大脑热"。现在，城市大脑正处在繁花盛开的美好时代。几十年之后，它将如马路、互联网等基础设施一样，随处可感可见，沉稳地支撑着城市运行。

再过几十年、几百年甚至几千年，城市将出现新的问题，技术将迸发新的创新，人们的目光也将转移到更新的事务上，比如环境污染和粮食安全。城市大脑在辉煌一段时间之后，终将成为历史上灿烂的一页，供人们学习和回味。

| 第三节 |
城市大脑建设的关键要素

城市大脑建设是一个综合性工程，需要技术的支撑、政策的支持和产业的支持……本节主要选取几个关键要素，配以城市案例来介绍城市大脑建设需要做哪些工作或注意哪些事项。

一、顶层设计：蓝图与路径

一个城市的城市大脑顶层设计决定了其发展高度，同时也指出了实现路径，是城市大脑建设的纲领。杭州在经历两年城市数据大脑的实践探索之后，发布了《杭州城市数据大脑规划》，规划时间为

① 田丰，崔昊．云战略：企业数字化转型行动路线图 [M]. 北京：中信出版社，2018.

2018—2022年。杭州城市数据大脑充分整合现有数据、系统等资源，以逻辑架构体系、综合能力体系、技术支撑体系、数据资源体系、标准规范体系、安全保障体系、应用服务体系、运营支撑体系等为总体框架（见图4-6），统筹各方力量，有序推进各项任务。

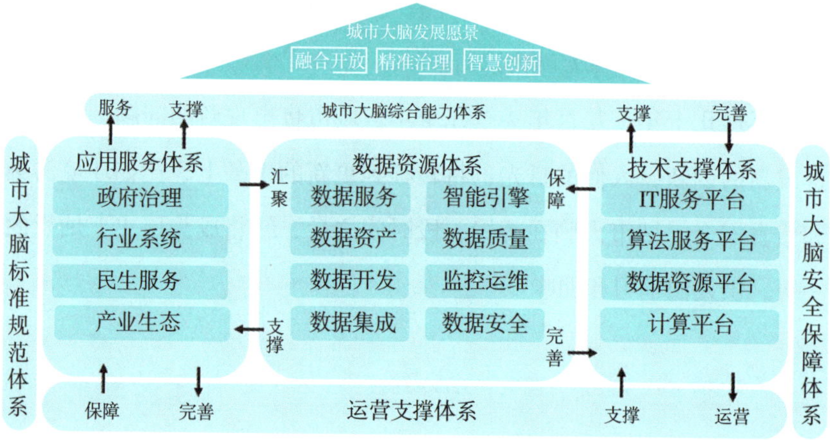

图4-6　杭州城市数据大脑体系构成

杭州城市数据大脑的构成包括：大脑平台（包括计算资源平台、数据资源平台、算法服务平台）、行业系统、超级应用（架构于大脑平台和行业系统之上的综合性应用）、区县中枢（基于城市数据大脑的支撑区县建设的创新应用）等（见图4-7）。

杭州城市数据大脑汇聚城市海量数据，利用云计算能力，通过大数据、人工智能等技术支撑各行业系统有效运行，从而提升系统能级。同时，进行跨部门、跨领域、跨区域的即时数据处理，实现数据融合创新，协调各个职能系统，致力于解决综合性问题，修正城市运行缺陷，提高城市运行效率。

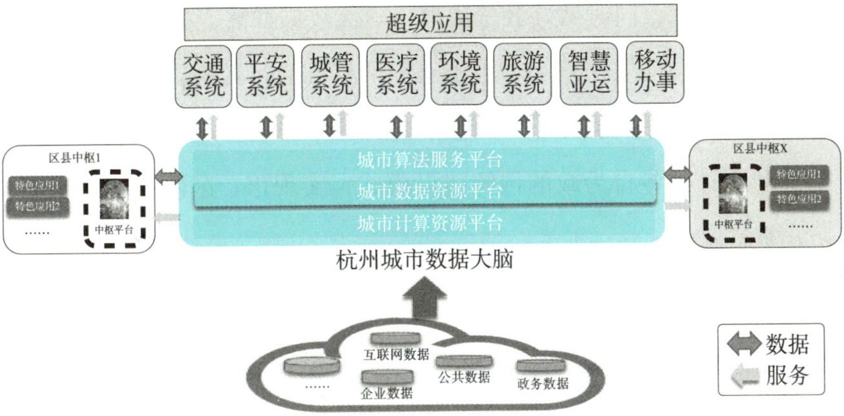

图 4-7 杭州城市数据大脑总体架构

杭州城市数据大脑的大脑平台、行业系统和区县中枢在数据资源层对接，形成完整的城市数据资源平台。大脑平台的算法服务将为行业系统、区县中枢（及其应用）提供智能化支持。

2019 年 7 月 10 日，杭州城市大脑 2019 年年中发布会举行，会上公布以最新的“五位一体”为顶层架构，即覆盖经济、政治、文化、社会、生态五大领域，使其成为城市数字化的核心引擎。在五大领域之下细分子版块，各子版块以信息化系统为支撑。同时，充分发挥全市各部门信息化建设成效，通过补齐短板、融合计算形成一体化的城市大脑体系（简称“531”体系）。

“5”即“5 个一”。打通“一张网”，一张确保数据无障碍流动的网，通过统一标准，支撑城市大脑的数据资源需求；做大“一朵云”，一朵将各类云资源联结在一起的“逻辑云”，当前其主体基于杭州市政务外网构建，既能保障数据安全，又能支持对外互联互通；汇聚“一个库”，将各部门和外部数据的“小水库”向“大水库”汇聚，形成城市级数据仓库，同时做好数据治理，确保数据鲜活、在线；建设“一个中枢”，作为数据、各系统互通互联的核心层，实施系统接入、数据融合、反馈执行；建强“一个大脑”，在全市实施统一架构和一体化方案，彻底打破各自为政的传统建设模式，实现市、区两级协同联动，防止重复建设。

“3”即“3 个通”。第一个“通”是市、区、部门间互联互通。杭州的政府信息化工作走在全国前列，不少领域处于全国领先水平，但这些系统有很多是条块分割、自建自用的，甚至同一部门的系统内部都不互通，这是城市大脑要解决的问题之一。第二个“通”是中枢、系统、平台、场景互联互通，以中枢为核心，让系统贯穿全市、场景覆盖全域。中枢系统已联通 25 个部门、17 个区县（街道），接入公共服务提供商 20 家，接入系统 61 个。第三个“通”是政府、市场互联互通，探索政府主导、市场化运营的建设机制。当前已有 50 余家企业参与到城市大脑建设中，也成立了云栖城市大脑公司、城市大脑停车运营公司、城市大脑云医公司等，以实施市场化运作。

“1”即“1 个新的城市基础设施”。城市大脑通过全面打通各类数据，接入各业务系统，实施融合计算，为城市建设一个会思考且能迭代进化的数字化基础设施。未来，城市大脑将会随时为杭州市民、来杭游客提供服务，成为如同道路、水电一样的必不可少的基础设施。

二、数据中枢：盘点城市数据资产

数据已成为推动数字经济发展的重要生产资料。然而，对于绝大多数城市而言，散落在城市各个角落的数据到底有哪些，有多少，质量怎样，价值怎样，都是一个问号。

数据也是城市大脑智慧的源泉，是智慧城市持续发展的生命线。数据的开放共享则是数据挖掘和利用的前提与基础。若要建立城市大脑，那么首先需要梳理城市的“数据家底”，归集或连接城市社会和经济的各类数据，包括政府的和社会的、动态的和静态的、格式化的和非格式化的……以交通为例，将一个城市中数以万计的交通管理数据、公共服务数据、运营商数据、互联网数据归集到一个平台或分布式连接，然后输入城市大脑。

各地目前在智慧城市建设上或多或少都存在一些数据壁垒，即使数据已经被收集上来，数据质量也存在很大问题，这会直接影响智能分析的结果。因此，与人的大脑相比，城市大脑在进行数据分析之前，还需要对数据进行基础的处理。我们把这个预处理模块叫作数据中枢，它可以让数据流畅、易用，有些地方也称其为数据资源平台或数据资源中心。

数据中枢策略的基本理念是将所有的数据汇聚起来，以后的每个数据应用（无论是指标类和分析类的，还是画像类和大数据类的）统一从数据中枢获取数据。数据中枢构建城市级全域数据的共享能力中心，提供数据采集、数据建模、数据研发、数据萃取、数据治理、数据服务等全链路一站式服务。它是一个城市的数据底盘，依托强大的云计算与大数据处理技术，实时汇集城市运行过程中产生的各种数据原材料。基于这个底盘，开采者对城市数据资源“看得清、看得及时、用得彻底”，实现数据的全量、标准、纯净、智能，快速为城市大脑供血。①

如果把数据比喻成水，那么数据中枢的核心就是构建面向数据资

① 闵万里．让城市学会思考 [J]. 新经济导刊，2018（08）: 57–60.

源的“管道、水库、水泵”。如图 4-8 所示，数据中枢系统主要由基础引擎、数据治理、运营监控、共享服务 4 个层次构成。基础引擎为数据汇集提供基础框架等，是实现数据孤岛连接最基本的内容。数据治理是数据中枢重要的工作，包括前端治理、后端治理、大数据资源中心，帮助城市规整数据、理清数据家底、提升数据质量。在数据治理之后，数据就达到了智能处理的要求，可以通过运营管控、共享服务提供所需要的数据，从而实现数据安全交换。

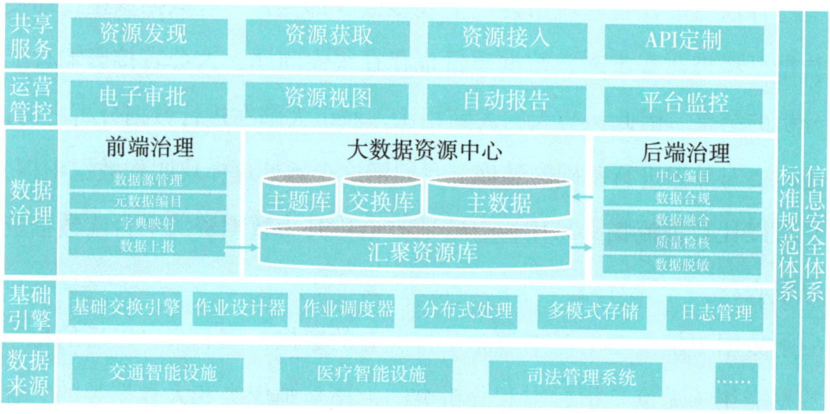

图 4-8 数据中枢系统架构

数据中枢可以使数据供给方“供得出、供得好、接得进”，数据需求方“找得见、拿得到”，数据管理方“看得清、管得了”，从而实现数据资产的有序管理。数据中枢帮助政府和企业进行数据归集、治理和交换。数据中枢整体上承接过去，提供业务数据孤岛打通能力，从而汇聚数据、存续数据。数据中枢整体上也面向未来，倒逼平台提升数据质量，并将数据蕴含的能量输送到广阔的业务土壤中，滋养业务，促使其绽放新的生机。

根据2018年杭州市数据资源局微信公众号公布的总结数据，2018年数据中枢在数据归集和共享方面完成的目标主要有以下几项。

（1）为“最多跑一次”数据共享工作归集数据15.74亿条，实现数据批量交换共享15.38亿条。

（2）累积发布服务接口740个（其中省接口276个），累积接口调动次数达2.32亿次，日调用量是2017年的10倍。

（3）完成“一窗”系统接入42套，接入率100%，事项接入648个。

（4）“浙里办”事项接入4 039个，“网上办”事项接入876个，实现比例100%。

2019年7月发布的数据显示，杭州城市数据大脑目前已累计归集837亿条数据，每天来自70余个部门和企业的鲜活数据汇入城市大脑，日均新增数据近8 000万条。

数据汇聚是所有城市建设城市大脑首要考虑的技术问题。苏州在2017年开始建设城市大脑时就首先聚焦交通数据汇聚。在2017年上半年，苏州城市大脑联合苏州市公安局、交通运输局、旅游局、市容、市政五大部门和三大运营商以及多家互联网企业，汇聚了79种主要数据源、2 600多数据项和3 000多亿条历史数据，并且建立了实时数据更新机制。

充分挖掘与发挥海量政务和行业数据的价值，推动业务、数据和信息技术融合，对于提升城市治理能力和群众获得感具有重要意义。数据驱动在新型智慧城市建设中的核心作用日渐凸显。统一的城市大数据平台有利于加速资源整合和便利应用开发，在创新城市治理模式、改革政府管理方式等方面正在发挥越来越重要的作用。

三、智能中枢：生产智慧的殿堂

智能中枢就是生产智慧的殿堂，是一个让数据尽显价值的地方。智能中枢解决的问题是如何让数据分析结果更加易于理解，如何帮助用户基于这些数据分析结果快速做出决策，如何让数据之间的碰撞产生出更大的价值。

和人脑一样，城市大脑内部也是分工合作的。例如，主要负责城市交通赋能的那片城市大脑就是交通智能中枢，主要负责城市环境赋能的那片城市大脑就是环境智能中枢，主要负责某一小区服务赋能的那片城市大脑就是小区智能中枢……由于每个城市的禀赋、个性及需求不同，城市大脑的智能中枢划分在具有主要共性的基础上也存在一定的差异。

从技术层面来说，智能中枢是一个用来构建大规模智能服务的基础设施，为城市应用场景需要的算法模型提供了分步构建和全生命周期管理的服务，以达到复用、组合创新、规模化构建智能服务的目的。其主要构成要素（见表 4–1）包括人工智能算法池、模型超市、智搜服务、可视化工具箱、推荐服务等多种服务功能与工具，可完成数据可视化分析、智能搜索与问答、智能分析与预警、智能调度与指挥等一站式的数据应用工作，解决并满足人们对数据的“能见、能找、能用”需求，实现对整个城市运行实时、全面、全量的感知与行动决策支持。

在实际建设上，智能中枢以系统辨识为理论基础，以“知、预、行”为数据开发方法论，核心支撑模块主要包括“数据洞察”引擎、“模型集市”引擎与“智能应用”引擎等。

表 4-1　智能中枢的主要构成要素

要素名称	要素描述
人工智能算法池	集聚了大量解决某类问题的具体人工智能策略
模型超市	集聚了大量描述城市情况的数学模型
智搜服务	基于一套数据分析方案提供的智能搜索知识的服务，输入内容可以是文字、图片、语音等
可视化工具箱	集聚了大量用于形象展示数据之间关联的图形模型
推荐服务	基于人的画像及实时行为分析推理并主动推荐其下一步可能需要的产品或服务

资料来源：银江研究院内部资料。

如果把数据比喻成水，数据中枢的核心就是构建面向数据资源的“管道、水库、水泵”。数据中枢系统主要由基础引擎、数据治理、运营监控、共享服务 4 个层次构成。基础引擎为数据汇集提供基础框架，是实现数据孤岛连接最基本的内容。数据治理是数据中枢的重要工作，包括前端治理、后端治理、大数据资源中心，帮助城市规整数据、理清数据家底、提升数据质量。在数据治理之后，数据就达到了智能处理的要求，进而通过运营管控、共享服务提供所需要的数据等实现数据安全交换。

“模型集市”（见图 4-9）引擎研发并集成了通用的聚类、分类、回归等数据挖掘算法，积累了面向司法、交通、医疗等多个行业领域特殊主题的分析和预测模型。这些模型可以支撑监管、应用数据，发挥城市大脑建设的威力，更好地为城市大数据应用提供创新保障。

图 4-9　模型集市

“智能应用”引擎通过集成知识图谱构建引擎、深度学习引擎与模型（文本）智能识别引擎向上提供应用支撑。比如，司法领域的“同案同调引擎”，可以提高人民调解员化解矛盾纠纷的效能，具备相似案例检索、相似案情分析、相似裁判文书推荐和相关法律条文推荐等功能。

四、紧扣场景

只有基于智能中枢构建应用和服务，响应智慧城市各类场景需求，才能完成城市大脑的使命，从而实现数据价值增值。基于城市大脑，目前各地正在探索和推行“数据驱动、数据赋能”的城市治理服务新模式。

城市大脑是智慧的源泉，场景则是智慧城市的灵魂。杭州城市数据大脑从诞生之初就根植于场景，牢牢地抓住了杭州及大部分城市的痛点——交通拥堵。可怕的是，地图厂商会根据自有数据每年甚至每季度推出全国城市的拥堵排名。尽管排名不是官方的，但其影响力依旧强大。在众多交通场景中，杭州抓住了让城市交通有序进行的红绿灯，演绎出了主干道配时优化、快速路配时优化、特种车信号优先等场景。

继交通之后，杭州又找到了医疗、旅游、城市管理等场景。到2019年7月，杭州城市大脑已有11个应用系统、48个场景在同步推进。11个应用系统包括警务、交通、城管、文旅、卫健、房管、应急、市场监管、农业、环保、基层治理。“最多付一次”“多游一小时”“先离场后付费”等交通便民新场景让人耳目一新，让居民和游客畅享便利。

苏州一开始也是从公交优化、交通事故预测、企业建筑火灾风险预测等小场景开始探索的，现在已经在向公共安全、城市治理等领域延伸拓展，探索公共安全风险事件预测、预警、预防，社会综合治理，垃圾分类，以及住房租房交易等场景。

上海大数据与城市管理（静安）项目强调场景服务能力，选择了面向交通、健康医疗、健康食安、环保、城市公共设施五大领域的15个场景，涉及社区安全、养老照护、智能体检、食品快检、食品加工监测、环境监测、消防安全、电梯安全、居民用水、道路积水与污水井盖管理等。

2019年的暑假温和地开始了，然而上海的垃圾分类却引爆了全城，波及全国。《上海市生活垃圾管理条例》于2019年7月1日正式开始实施。生活垃圾分类这一场景立马成为社会关注的焦点，全中国都在看上海人民怎么倒垃圾。2019年7月10日，微信城市服务上海全新上线了“垃圾分类”板块。其他公司也都推出了相关的应用或智能终端，如微众银行推出“微众智能垃圾分类”，搜狗输入法上线垃圾分类功能。垃圾分类还催生出了垃圾分类检查员这个没有年龄要求的高薪岗位。

然而，如果不接地气，脱离场景，那么任何城市大脑都仅仅是数字游戏，只能满足小部分人的短期兴趣。曾经在智慧城市发展初期备受全球关注的武汉于2017年引发的连环诉讼案件，就很值得城市管理者和行业观众深思。武汉经济开发区下属子公司武汉智慧生态公司以设计场景、产品和服务配置与武汉开发区实际需求存在重大偏差等为由起诉了微软中国及其委托的中国集成商、销售商、服务商。

五、制度支撑

大数据、人工智能、智慧城市都已经上升为国家战略。国务院发布的《促进大数据发展行动纲要》指出：要结合信息惠民工程实施智慧城市建设，实现公共服务的多方数据共享、制度对接和协同配合。2016年4月，习近平主席在网络安全和信息化工作座谈会上强调，要“分级分类推进新型智慧城市建设，打通信息壁垒”。随着智慧城市建设进入新阶段，信息科技与城市融合的模式和形态正在发生重大变化，数据驱动正在成为新型智慧城市建设的突出特征。

智慧城市是一个从技术扩展到管理、金融等各方面的理念，是一种新型的城市发展和治理模式。因此，智慧城市还需要配套理念转变、管理创新、商业创新、制度保障等“柔性能力”。在这些能力中，制度保障在创新实践中发挥着极其重要的作用。只有在一个积极鼓励创新的制度环境中，组织和个人才不需要考虑太多不确定的政策风险，才敢积极进行创新和创造。

城市大脑诞生在杭州，然后迅速发展，引领世界智慧城市建设和城市创新治理。杭州市政府开放包容，勇立潮头，在城市大脑理念变实际、蓝图变现实中注入了无比强大的力量。这也是其他城市难以复制的。细数杭州市政府这些年给予的重大支持或发布的重要制度，以下几件起着关键作用。

第一，杭州在 2017 年 6 月新成立了数据资源管理局，作为政府组成部门的正局级单位，其主要职责之一是推动数据资源在政府管理和社会治理领域的应用，组织实施“城市数据大脑”等重大项目的建设，研究制定相关规划、政策、标准等。同时，在政府和企业、社会之间，坚持需求引领技术，通过政府主导、主控、主推，会同企业与高校组成工作专班，开展日常研发工作，规划设计杭州交通治堵等方案。总之，数据资源管理局是一个因杭州城市大脑而生、为杭州城市大脑服务的正局级单位。其在高质量完成目标任务的过程中形成了“市级统筹 + 条块联动”“一把手负责 + 专班运行”“干中学 + 学中干”等做法和理念，为城市大脑建设提供了有力保障。

第二，2018 年 4 月 13 日，杭州市发布全国首个城市数据大脑规划——《杭州市城数据大脑规划》，结合在摸索中总结的经验，为未来绘制了清晰的蓝图和实现路径。一切质疑，都逐渐消散。

第三，2018 年 10 月 9 日，杭州市人民政府印发《杭州市全面推进“三化融合”打造全国数字经济第一城行动计划（2018—2022 年）》，将城市大脑提到了城市经济发展的高度，拓展其支持城市各领域治理的应用，要将杭州打造成全国数字治理方案输出地。

第四，2018 年 12 月，杭州市数据资源管理局编制并发布了《城市大脑建设管理规范》和《政务数据共享安全管理规范》两个地方标准，为城市大脑建设的后续拓展建设奠定了良好的基础，并进一步强化了城市大脑的“首创”地位。

第五，杭州市委书记多次出席打造全国数字经济第一城动员大会、杭州城市大脑2019年年中发布会等重要会议，非常重视和支持杭州城市大脑建设工作。杭州城市大脑的“一城”“一窗”建设，已经成为提升杭州在新一轮城市发展中竞争优势的重大举措，确保城市大脑建设始终走在全省、全国前列。他怀着为全市人民谋幸福的情怀，鼓励大家一往无前、勇于创新、大胆试、大胆闯，形成更多、更有效的应用场景，提升人民群众的获得感、安全感、幸福感。

| 第四节 |
城市大脑与智慧产业

城市大脑不仅是一个技术创新的实践，更是一个模式创新的实践。目前的城市大脑建设虽然只是处在初级阶段，但对产业创新的要求已经很高。当城市大脑进入快速发展阶段时，它将更加贴近需求和场景。智慧城市也将进入新的智慧化高度，一大批新的商业模式、管理模式将会涌现。目前，智慧城市建设也不再只注重系统建设，而是越来越多地以购买服务等形式进行交易。

一、城市大脑需要智慧产业的支撑

当智慧城市在中国各地进行理念推广、落地规划时，人们就已经关注到了智慧产业发展对智慧城市建设的重要性。智慧产业的水平直接决定智慧城市的建设成效。概括地说，智慧产业是以新型信息技术为支撑，具有高度数字化、智能化和融合化特征的一类产业。[①] 从业态上看，智慧产业是由软件信息、科研科创、教育培训、文化创意业态等行业共同组成的一类产业。智慧产业主要呈现出以下特点：技术迅速发展，产业加速智慧化，合作模式多样化，发展模式生态化，一城一体系。

在城市大脑发展的早期，如何将城市大脑的理念与城市发展的需求和现状结合，探索并走出一条通向城市大脑愿景的实践之路、创造之路？这需要产业界的深度参与和创新突破，甚至自我颠覆。

杭州在城市大脑项目实施过程中，摒弃“数据己用”“交通专治”的固有观念，通过政府部门主导、主动、主控和企业提供技术支撑，打破数据壁垒，实现政府数据正式面向市场主体开发，在数据利用上真正体现服务民生的价值，在治理体系上真正从专治走向共治，在合作模式上真正形成“企业依靠政府，政府相信企业”的关系，结成以企业为主体的协同创新共同体。[②]

在《杭州城市大脑规划》发布之后，杭州市数据资源管理局就在其微信公众号汇集了近 20 家参与企业（见表 4–2）。这些企业都是互联网、大数据、云计算、人工智能等领域的顶尖企业，它们各自分工，通力合作，共同构建杭州城市数据大脑。

2017 年 4 月，国家决定设立河北雄安新区。换句话说，就是在首都北京附近的四线城市区域再造一个“深圳”。雄安含着金钥匙出生，这意味着它的一切都是高起点，都是走在世界前列的。雄安新区规划

---

① 王辉 . 智慧产业 [M]. 北京：中信出版社，2018.

② “城市大脑”的杭州模式［EB/OL］.（2018–11–13）.http://www.hhhtzys.gov.cn/articles/199.

表 4-2　杭州城市大脑相关企业及服务

公　司	服　务
阿里云	搭建构架，提供计算能力
海康威视	提供图像视频捕捉能力
大华股份	提供图像的智能算法
浙大中控	交通大数据处理和交通信号灯自动配时算法的开发
富士康	提供云计算服务器硬件设施
数梦工场	提供数据治理及运营中心解决方案
CityGo	提供城市智能解决方案
新华三	提供完善的基础构架硬件
银江股份	打造交通系统
中国移动	提供网络、大数据能力
中国联通	搭建云计算数据交换中心，提供全方位 IDC（互联网数据中心）托管服务
数源科技	提供智慧交通行业解决方案及数据
银杏谷资本	为参与项目提供资本支持，为新技术云服务寻找应用场景
安恒信息	提供网络安全解决方案
鸿程系统	数据资源的交换、共享、开放
中国电信	提供云计算能力

资料来源：银江研究院根据杭州市数据资源局公众号信息整理。

建设的 7 个重点任务之一就是建设绿色智慧新城，使自身成为国际一流的绿色现代化智慧城市。城市大脑自然成了雄安的重要配置。与杭州有着良好的产业基础不同，雄安的智慧产业基础非常薄弱，但它却具备从全国乃至全球配置优质产业资源的能力。在雄安新区成立一周年的时候已有近百家央企、地方国企以及大量民企进驻，但目前真正取得注册资格的企业并不多。经雄安新区管委会审核，首批共有 48 家企业获准落户雄安，其中有 21 家民企，也不乏一批国际尖端行业领先的智慧产业企业或组织进驻（见表 4–3）。

表 4–3　雄安新区成立一周年入驻部分智慧产业企业情况

公　司	主要工作内容
阿里巴巴	建设绿色智慧新城，发展高新产业和创新社会治理。从经济发展、社会治理、服务民生 3 个角度全面参与和助力雄安新区建设，为雄安新区装上“城市大脑”
百度	以自动驾驶、对话式人工智能为重点，推动包括智能交通、智能出行、智能家居、智能教育、智能安防等在内的智能产业与服务在雄安的试点示范
腾讯	从云计算到区块链，腾讯的大数据风控体系和基于腾讯云的区块链服务等金融科技都将在雄安先行试点，拓展从民生到企业、政府管理的不同场景
京东金融	以众创众筹业务为基础，为新区的中小微企业、科技创新型企业提供全面的孵化加速和创新扶持服务
奇虎 360	主要着眼于雄安新区企业和政府的网络信息安全业务，在雄安新区成立网络安全教育机构、研究院和产业孵化器，培养网络安全人才
中国联通	设立分公司，已基本完成雄安国家级互联网骨干直连节点建设，城域网核心设备一跳直连北京；实现国家一级干线传输系统双路由，第三路由建设也即将启动
东华软件	设立东华全球软件研发有限公司，它是第一家在雄安新区获得营业执照的企业；建设全球研发中心，对标前沿、接轨国际
中关村科技园	携碧水源、东方园林、东方雨虹、广联达、雪迪龙、清新环境、神雾环保、北京科锐、小桔科技、金山软件、首航节能、眼神科技 12 家企业正式入驻雄安中关村科技产业基地，建设国际一流的绿色现代化智慧之城
雄安绿地双创中心	在雄安新区正式挂牌，成为双创领域首个在雄安新区开业的项目，包括因果树、创头条、公司宝、选址中国等 11 家入驻企业和近 20 家准入驻企业，涉及人工智能、网络安全、虚拟现实、新零售、在线教育等多个领域

（续表）

公　司	主要工作内容
中国移动	共同建设智能城市和数字城市，为智能交通体系建设、传统产业改造提升、冬奥会筹办和冰雪产业发展等提供数字化支撑；5G 遥控车测试完成

资料来源：银江研究院根据凤翼雄安、人民雄安网、锐公司、中国上市公司网公众号相关信息整理。

二、城市大脑促进智慧产业发展

对于产业界来说，城市大脑是一个横空而出、具有无限前景的新兴细分市场。为了尽快在这个新的赛道上获得竞争优势，企业需要根据新的需求研发新产品，最关键的是新产品要能够在实践中试用和快速迭代。

以杭州为例，城市大脑的建设不仅有效地解决了杭州遇到的交通拥堵问题，提升了政务服务水平，给杭州居民带来了便捷的公共服务，还凭借这一世界瞩目的城市治理创新实践，提升了杭州智慧产业的创新能力，并将杭州智慧产业的企业有力地推向了世界。这是城市大脑实践对智慧产业升级的促进。

面对城市大脑这个新机遇，杭州企业也积极抱团。2017 年 12 月，全国首个数据资源开发协会在杭州正式成立，为围绕城市大脑推进智慧产业的发展提供了良好的沟通交流平台。杭州数据资源开发协会以摸索政府数据如何有效合理地服务社会、扶持中小创新企业、搭建杭州数据服务生态为办会宗旨，进一步调动各方的参与积极性，推进杭州市政府和社会数据资源的有效利用和开发，推动数字杭州建设及国家大数据战略实施。

从杭州近 3 年的信息经济发展（见表 4-4）来看，我们能明显感到其智慧产业正在快速发展。信息经济增加值及其占比也连年增加，且以两倍多的平均增速成为带动全市生产总值的一股强大动力。

表 4-4 杭州 2016—2019 年信息经济发展

项 目	2016 年	2017 年	2018 年
全市生产总值	1.10 亿元	1.26 万亿元	1.35 万亿元
全市生产总值增长率	9.5%	8.0%	7.0%
信息经济增加值	2 688 亿元	3 216 亿元	3 320 亿元
信息经济增加值占比	24.4%	25.5%	24.6%
信息经济增加值增长率	22.8%	21.8%	15.0%
信息经济增加值对经济增长贡献率	—	超 50%	—

资料来源：银江研究院根据杭州市政府 2017 年、2018 年、2019 年年度工作报告数据整理。

每个城市的产业基础和发展方向不同，城市需要明确自己的方向和目标，在产业升级中培育细分领域的优秀企业，为城市经济发展加入良好的变异基因。

三、服务运营：未来经济的爆发点

传统的智慧城市建设模式主要有 3 种：以物联网产业为驱动的建设模式、以信息基础设施建设为先导的建设模式和以社会应用为突破口的建设模式①。随着互联网、大数据、云计算和人工智能技术的逐渐成熟，城市智能化运营管理正在兴起。城市大脑的建设不只是单纯的信息化投入管理，更多的是如何将数据与城市现状结合发展出解决城市问题、满足城市发展需求的服务，实现城市治理体系的全面智能化和自动化运行。

① 王辉 . 智慧城市（第二版）[M]. 北京：清华大学出版社，2012.

在智慧城市运营的案例中，里约热内卢智能运营中心是一个典型代表。为了迎接世界杯和奥运会，里约热内卢政府在 2012 年就率先建立了世界上首个将事件预测、缓解、准备、立即响应、捕获反馈信息等阶段整合在一起的“城市运营中心”，以便围绕应急指挥、城市治理等业务实现自动反馈事故和自动发布指令，提高城市协同治理效率。智能运营中心通过数据采集和分析，全面洞察和高效地制定决策，预测并主动解决问题，协调资源以便有效地运营，为市民提供最佳服务，创造更智能的生活环境。

国内也有很多城市的智能运营指挥中心的发展已处于中期阶段，典型代表为智慧南京城市运营中心和深圳新型智慧城市运营管理中心。智慧南京城市运营中心基于对多个市部门的运营数据整合，一方面围绕城市运行状况实现全市动态化、可视化、多维度、全景式的智慧展示，提升城市管理者的决策效率；另一方面创新管理实践，优化城市运行，提供决策支持、协同和智慧服务。深圳新型智慧城市运营管理中心于 2016 年 12 月建成使用，集城市大数据运营、城市规划、综合管理、应急协同指挥等功能于一体，成为城市运行管理的“大脑”和“中枢”。通过汇聚政府和社会数据资源，智能运营中心能够实现对城市运行状态的全面感知、态势预测、事件预警和决策支持，提高跨部门、跨领域的协同指挥能力，形成“平战结合”的运行管理新模式，实现政府治理体系和治理能力现代化。

城市大脑的运营往往更加依托以人工智能为核心的智能运营中心，更加注重数据的商业运营。杭州在这方面也是勇立潮头，走在前列。2018 年 4 月，杭州城市大脑交通信号配时中心成立，打破了交通信号配时的行政管界，集中统一管理市区近 2 000 个交通信号灯的路口调控和优化工作。该中心的运营模式是采用服务外包的形式交给专业企业进行运营。在 1 年的时间里，杭州主城区全域信号配时优化服务覆盖 9 个大队、1 059 个点位、200 多条协调路线，结合人工智能算法和经验调控解决重点区域和主干道的拥堵问题，确保了在迎亚运施工的干扰下仍能为杭州市民的出行节省时间。例如，天目山路（西段）平均延误降低 30%，出行时间节省 6 分钟；文二路平均延误降低 33%，出行时间节省 5 分钟。

随着全国首个在全市范围内提供“先离场、后付费”便捷泊车的城市大脑停车系统上线，其背后的创新运营模式也浮出水面。截至 2019 年 7 月，该系统已覆盖杭州所有区县市，接入 26 万余个泊位。该系统由第一个被冠以“杭州市城市大脑”的公司负责运营管理。这个公司就是注册于 2019 年 5 月 24 日的杭州市城市大脑停车系统运营股份有限公司，由杭州市钱投集团及下属杭州市停车产业股份有限公司、杭州 12 个区（管委会）的 13 家国有企业和两家民营企业共同组建。

杭州还有一家具有强大国企背景且被冠以“城市大脑”的公司，即云栖城市大脑科技（杭州）有限公司，主要经营计算机软硬件、应用软件服务、会议服务等，为杭州城市大脑注入了技术内核。

杭州已经有了钱江世纪城新型智慧城市指挥中心这一全国标杆，集合了大数据、云计算、人工智能等全新技术应用，代表了我国在城市规划、社会治理、行业治理方面最先进的业态形式。随着 2019 年 7 月的发布会召开，杭州城市大脑运营指挥中心（见图 4-10）也无声地为大众所知，令有心之人无比兴奋，人们仿佛看到了数据智能驱动下的无数经济爆发点。

图 4–10　杭州城市大脑运营指挥中心

引发人们憧憬的是杭州当下的创新生态和创新氛围，尤其是其具有很强的协同创新机制。一方面，通过政府侧协同，汇聚融合政务数据资源，推动跨行业、跨部门业务协同；另一方面，依托政府基础数据资源池，通过政企协同产生了丰富的民生应用场景，反哺产业发展，也为数据资产的增值提供了空间。此外，积极发挥全民参与的大协同创新，调动全社会的力量共同治理城市，推动城市发展。比如，市民可通过交通违章举报、兼职网格员等方式补充城市管理力量，同时政府也发放用于购买公共和商业服务的积分奖励。

从全国范围来看，有些省市具备良好的智能基础。尽管 2018 年全国“智能 +”社会发展指数为 0.46，但上海、北京、浙江、广东、江苏的指数超过 0.6。在细分指标上，得分超过 0.8 的省市有：在数字支付和智慧零售方面有上海、浙江、北京；在智慧管理方面有广东、江苏、陕西、浙江；在智慧政务方面有浙江、广东、江苏；在“智能 +”生活消费指数方面有北京、上海。从表 4–5 来看，总指数进入前 10 的一些省份在“智能 +”生产供给、“智能 +”生活消费、“智能 +”公共治理上表现较好。尤其是河南在“智能 +”公共治理指数上排名第 6，河北在“智能 +”生产供给指数中排名第 10，湖北、重庆、海南占据了“智能 +”生活消费指数排名的最后 3 席。

表 4-5 中国“智能 +”社会发展指数排名前 10 的省市

序号	“智能 +”社会	“智能 +”生产供给	“智能 +”生活消费	“智能 +”公共治理
1	上海	浙江	北京	浙江
2	北京	上海	上海	广东
3	浙江	江苏	浙江	江苏
4	广东	北京	广东	上海
5	江苏	广东	江苏	陕西
6	福建	山东	福建	河南
7	山东	福建	天津	山东
8	安徽	安徽	湖北	安徽
9	陕西	天津	重庆	北京
10	天津	河北	海南	福建

资料来源：银江研究院根据中国互联网协会和中国信息通信研究院联合撰写的《中国“智能 +”社会发展指数报告》整理。

目前，城市治理正在大步转向数据驱动，未来经济也将逐步转向数据驱动。在数字孪生城市中，数据的交互、汇聚将在更大领域、更高层次碰撞出更多服务于应用场景的智能技术，使价值链的内涵逐步扩展，促进应用、数据、业务融合，成为数字城市生态的催化剂和放大器。在这个新的发展机遇面前，哪些公司和城市能够抓住数据智能、服务运营，成为明日明星呢？

第三篇
场景篇

与智慧城市一开始的“自上而下”不同，城市大脑是“自下而上”的——立足问题，采用精细化管理。如果脱离具体应用场景谈城市大脑，那一定是假的城市大脑。

作为对新型智慧城市建设模式的有力探索，城市大脑已从验证走向发展，从单一领域试点走向多面开花，逐渐形成了一系列城市治理的实践经验，对深入推进智慧社会、数字中国、数字经济有引领作用。本篇选取了城市大脑已经或可能取得成效的 10 个应用领域中的一些场景进行介绍。这些领域有政务、城管、交通、健康、司法、教育、体育、旅游、工业、安全。

本篇旨在以小见大，抛砖引玉。

第五章
政务：最多跑一次

让数据多跑路，群众少跑腿，提升政府的综合管理效率和服务水平，是传统政府向服务型政府转型的重要举措。

当前大数据已正式成为各国的国家级战略，建设政务大数据已经成为各国政府建设的重要任务。政务大数据是在信息系统整合共享工作的基础上，构建并健全政务信息资源共享共用机制，支撑各级部门之间的信息资源跨层级、跨区域、跨部门、跨系统、跨业务的协同管理和服务，通过大数据实现“用数据说话、用数据决策、用数据管理、用数据创新”。只有围绕社会和公众的需求持续创新，以开放共享、敏捷高效、安全可靠的“政务大脑”助力政府提升行政效率，推动公共服务创新，促进经济增长和社会公平，才能更好地服务于政府转型的大战略。

第一节
亮剑“新衙门作风”

2013年10月11日，中央电视台《焦点访谈》播出了以“河北省、江苏省部分窗口单位存在‘门难进、脸难看、话难听、事难办’等现象”为主要内容的专题节目，披露了河北省武邑县公安局有关工作人员刁难办事群众、江苏省丰县工商部门推诿扯皮和不作为等问题，暴露出个别公共管理服务部门仍存在官僚主义作风，以及处处刁难群众、推诿敷衍扯皮和态度蛮横恶劣等问题。

在河北省的事件中，主人公小周因为公司的工作安排需要出国拜访客户。在准备期间为了办理护照，小周踏上了由北京前往老家河北的列车。他原本以为这只是一件极为正常的办理证件的小事，但这却让他往返老家和公司多达 6 次，总里程 3 000 多公里。最终，他在工作人员的一次次冷眼和臭脸相迎下办好了证件。“我就感觉现在在我们这种小县城，他们手握一点权力就随便愚弄或玩弄老百姓，老百姓办一个证件太困难了。”小周说道。从一开始，办事人员就从未告知小周都需要准备哪些材料，而是在每次审阅他提交的材料时告诉他又缺了另外一份文件。无奈的小周只能一次又一次地按照对方的要求补办其他一系列证明，前后总共花了大半年时间。而记者事后却从相关办事条例里了解到，办理护照所需的证件只需要身份证、户口本及复印件。

“门难进、脸难看、话难听、事难办”由来已久，从上述报道中可看出这绝非个别现象，其背后都是相关部门单位的“衙门作风”“官老爷作风”在作祟，是相关工作人员懒政不作为、怠政慢作为、为民服务意识不强的典型表现。如此作风，既是阻碍地方发展的“绊脚石”，也是堵在党和群众之间的“隔心墙”，更是污染政治生态的“雾霾”，其危害甚至比腐败更加严重。

要坚决向“新衙门作风”亮剑。近年来，我国推进政治体制改革的步伐加快，许多地方不断出台一些新的举措，比如开设热线电话、发展电子政务、兴建“阳光工程”、推进服务型政府建设等，这些措施有效地提高了行政办事效率，大力节约了行政成本，改善了公众服务和提升了政府形象，有力地推动了我国的政治文明建设。尤其在电子政务建设方面，许多省市都已建成了覆盖面广、带宽高、稳定性强、安全可靠的电子政务网络体系，但与其他发达国家的政府信息化建设相比，还存在着一些不容忽视的问题。

从 20 世纪 80 年代的办公自动化系统建设开始萌芽，电子政务发展到现在已经 30 多年了，从各自为政进化到了统筹推进。尽管工信部在负责全国电子政务推进期间做了大量工作，但受限于全国电子政务管理体制和机制的复杂性，电子政务推进起来困难重重。尤其是在统筹规划布局和重大项目落实方面缺乏有效抓手，电子政务工作处于碎片化状态，大多散落在各个垂直部门，加之协调机制不畅，使得跨部门应用的推进困难重重，导致资源整合度差和难以共享，造成我国的电子政务存在严重的“烟囱”现象。

| 第二节 |
智慧型政府新时代

十八大以来，中国开启了新一轮行政体制改革，政府职能转变的步伐明显加快，激发了社会创新潜能，提高了政府服务效率。当前，随着以云计算、大数据、物联网为代表的信息技术的快速发展，世界各国正在积极依托互联网深化新技术创新应用，以应对新一轮经济变革带来的挑战。2016 年，中国政府首次提出要大力推行“互联网 + 政务服务”，以互联网思维促进信息技术与政府管理深度融合，推动经济发展提质增效和转型升级。新时期，如何依托“互联网 +”开展政府管理创新，以破解政府管理领域的难点、痛点和堵点，是各级政府需要大力推进的工作，更是电子政务管理者需要重点研究的命题。

一、浙江打响改革第一枪

浙江省通过“互联网＋政务服务”理念进行改革，率先在全国推出第一个构建在云平台上且实现省市县一体化建设与管理的“互联网＋政务服务”平台。该省提升了新常态下网上政务的服务水平，以“数据代替人跑腿”的思维转变传统观念，通过创新政务服务方式、优化服务流程促进政府职能“大转变”、政务数据“大整合”和行政效能“大提升”，使得网上政务服务工作取得显著成效。

2014 年 6 月 25 日，浙江政务服务网在全省各级政府和多方力量的协同配合下正式开通运行，与全国 3 000 余个行政机关和服务机构在“一张网”上提供服务，被媒体形象地比喻为“政务淘宝”[①]，百姓可以像在网上逛淘宝一样“逛衙门”。

如图 5-1 所示，浙江政务服务网首页按照个人办事、法人办事、便民服务等主题分类导航，面向网民提供在线服务。针对老百姓办理频率最高的婚育收养、纳税交费、房屋产证、车辆违法处理等多类主题，该平台汇聚了海量服务资源和便民服务信息，公众可以在线享受交通违法交费、社保查询、医疗预约挂号以及职称评审与专技考试报名等各类服务。网站还公布了政府权力清单，包括行政奖励、行政处罚、行政裁决等。各级政府部门的每一笔审批业务办理信息都将在网上公告，接受公众的监督。[②]

① 陈立三．“互联网＋政务服务”：浙江实践 [J]. 电子政务蓝皮书，2016（7）.

② 阿里研究院．互联网＋从 IT 到 DT[M]. 北京：机械工业出版社，2016.

图 5-1 浙江政务服务网首页

值得一提的是，网站首页不仅有微博、微信、QQ 等官方发布的公众投诉路径，还提供了 App（应用程序）下载途径，公众可以通过 App 随时随地申请办理事务并查看事件处理进展。另外还有自称“政小二”的人工智能客服，可以在线为公众解答一些常见问题。

截至 2018 年年底，浙江政务服务网的注册用户数超过 2 021 万，省公共数据平台共享数据调用量累计达 1.8 亿次，是 2017 年总量的 14 倍。2018 年，除例外事项清单外，省、市、县三级办事事项实现了“最多跑一次”的 100% 全覆盖，梳理归集了多部门联办“一件事”61 项，制定了全省统一规范的全流程办事指南。“浙里办”App 上线运行，推出各类便民应用 290 个，实现省级 168 项、县（市、区）平均 371 项审批服务事项掌上可办。全省 63.64% 的民生事项实现“一证通办”，大幅减少了烦扰企业和群众的奇葩证明、循环证明、重复证明等。①

2018 年 5 月，浙江省政务工作协同平台正式上线，浙江省政府基

① 省网信办，省经信厅，省通信管理局 . 浙江省互联网发展报告 2018[Z]. 2019-5-28.

于该平台实现了掌上办公、掌上办事及掌上执法的能力，覆盖了全省各级组织，包含省、市、县、乡、村、小组六级政府相关人员。在基础架构、界面展示和应用建设统一的原则下，其又根据各单位的实际情况建设个性化的应用。在上线一年时间后，掌上办公平台开通组织达 25 万个，注册人数达 118 万人，日均活跃人数达 117 万人，激活率达 99%，已上线应用 684 个（包含省直应用 135 个，地市应用 480 个）。

未来，浙江省将加快推进更多服务事项网上办理，继续深化浙江政务服务网建设，全面推广“在线咨询、网上申请、快递送达”的办理模式，除涉密或法律法规有特别规定外，基本实现服务事项网上办理全覆盖，大幅提高网上办事比例。

二、从“多“到“一”的背后

浙江省“最多跑一次”改革的成功实践背后，有一个强有力的“政务大脑”支撑。“政务大脑”在“互联网 + 政务服务”经验的基础上，以大数据、云计算、物联网等信息化技术为支撑，创新体制机制，深化流程再造，推进线上线下一体化服务，进一步促进行政审批规范化、网络化和群众办事便捷化、高效化。利用实时海量的政务服务运行数据，主动学习和持续优化服务流程，通过多维感知、全局洞察、实时决策、持续进化，实现政务管理从“被动服务”到“智能服务”、从“经验管理”到“科学管理”、从“业务人工化”到“业务流程化”、从“政务信息化”到“政务智能化”的转变，开创智慧政务服务新形态，实现“最多跑一次”甚至“一次都不跑”。

当前，数字政府正在从以“网上政务”为核心的 1.0 时代走向以“数据化运营”为核心的 2.0 时代。数字政府 1.0 是把线下的政务办事窗口搬到网站和手机上，是互联网和政务在物理层面的连接。未来5年是以数据化运营为核心的数字政府2.0，其通过系统打通和数据协同形成整个政务流程的再造。以前老百姓办一件事要跑5个政府部门窗口，在数字政府1.0出现后不用跑了，数字政府1.0把5个窗口搬到了一个网络入口上。而数字政府2.0只需要点一个窗口即可办好，背后是数据化运营和政府部门的流程再造，老百姓的体验会更好。

政务服务近两年已经开始进行数据化运营的尝试，逐渐跨越到数字政府2.0的时代。以新生儿办理出生证明为例，以前需要申请人填写60项信息，提交20份材料，跑5个窗口，耗时两天。如今，只需要在"浙里办"App填写9项信息，提交1份材料，就可以立刻办好证件。这个背后就是政务大脑的数据治理和数据化运营在起作用。①

政务大脑通过充分应用云计算、大数据、移动互联网等新一代信息技术，依托已有的政府部门和公共服务机构的信息化建设成果，采用面向服务的开放性技术架构，融合政务服务、中介服务、便民服务等各方面的资源，为市民、企业提供全方位、主动式、精准化、个性化、一站式的灵活、高效、便捷的融合服务。政务大脑将全省各类基础数据库和各级政务部门数据进行汇聚融合，实现信息共享、挖掘、分析、综合研判，在数据互联互通的基础上实现市场监管、宏观经济、公共服务、社会治理等方面的业务协同，辅助政府决策。一方面，政务大脑用大数据感知社会态势，辅助科学决策，提升政府管理能力；另一方面，市民通过办事大厅、App和政府门户网站等线上线下多种办事途

---

① DOIT. 阿里云许诗军：数字政府1.0是网上政务，2.0的核心支撑是数据化运营[EB/OL].（2019–07–25）.https://www.doit.com.cn/p/337424.html.

径，让数据多跑路，提升公共服务均等化、普惠化和便捷化水平。

| 第三节 |
服务型政府新思路

政务大脑通过建设政务服务大数据中心对各领域的业务数据进行深度融合，通过政务服务门户和业务管理平台促进行政审批规范化、网络化和群众办事便捷化、高效化，推动政府向社会平等、政治民主和以人为本的服务型政府转型，并在转型道路上探索“数据服务一源化、对外服务一张网、对内管理一体化”的建设模式。

一、数据服务“一源化”

数据是所有软件系统的血液，作为整个政务大脑的中枢神经，政务服务大数据中心通过汇聚来自业务系统的数据，以及逐渐对接和统筹覆盖全市的各部门数据共享交换体系，建立基础信息库、政务服务库、公共服务库和电子证照库，使得数据能够得到活化应用，真正做到网上无纸化办公和数据关联服务的要求。同时，逐步推进各级共享交换平台对接，实现政务信息资源跨部门、跨层级、跨区域互通和协同共享，推进线上线下一体化管理，最终为“一号申请、一窗受理、一网通办”提供高质的数据支撑。另外，借助云计算和大数据技术等信息化手段，对数据进行挖掘，找出数据之间的规律，发掘数据的潜在价值，进而提供服务推送和辅助决策的功能。

政务服务大数据中心（见图 5-2）包含了政务信息资源库、数据中心管理系统、数据共享交换平台以及数据分析应用平台等系统。在数据中心的基础上，政务信息资源库可以提供政务大脑需要的所有数据资源，依照统一的数据交换标准和信息资源规范与数据中心管理部门进行对接。数据中心管理系统根据数据分析模型对资源库中的数据进行深度挖掘和分析，实现了对数据资源的可视化管理。数据共享交换平台以应用为抓手，进一步打通数据流，有效解决了“信息孤岛”“数据烟囱”等现象，满足了政务部门多方位、多层次的数据需求，从而不断提升“智慧政府”建设和谐社会的运行效率。数据分析应用平台则根据办事人的行为和逻辑进行深度计算分析，精准预测申请人需要的服务，为领导决策提供支持。

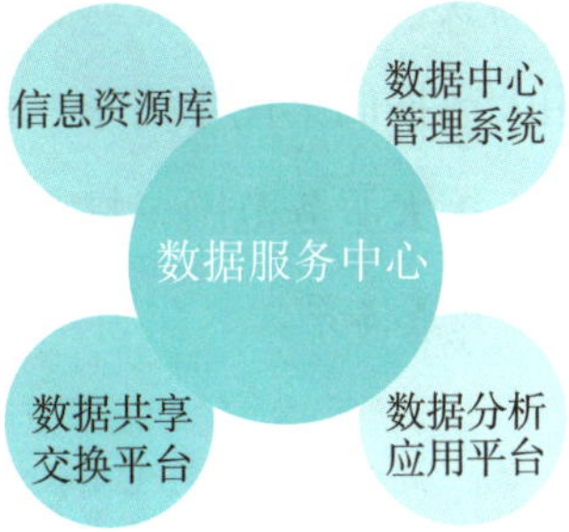

资料来源：银江研究院。

图 5–2　政务数据服务中心

以线上“一网通办”和线下“只进一扇门”为智慧政务发展目标，江苏省成立了“大数据中心”，用于探索智慧政务 4.0，推进政务数据的融合，构建全省一体化的数据交换共享体系，形成跨层次、跨地域、跨系统、跨部门和跨业务的数据调动能力。对于现有的系统和 App，江苏省进行了梳理、融合和清理。“梳理”是健全省、市级政务信息资源目录体系，实现全目录一站式共享，对目录中的数据资源全部共享，对不在目录范围内但属于“一网通办”所需的数据一并归集。“融合”

是成立共享交换平台，共享交换平台计划接入58个部门的数据，按照“谁建设系统、谁负责对接”的原则，向各级政务服务机构开放端口、权限，与各级数据共享交换平台对接。“清理”是通过开展政务信息系统专项审计监督来清理“僵尸”信息系统。①

二、对外服务“一张网”

政务服务门户（见图5-3）是政府基于各部门的信息化建设建立起的跨部门的、综合的业务应用系统，使公民、企业与政府工作人员都能快速便捷地接入所有相关政府部门的政务信息与业务应用，使特定的人能够在恰当的时间获得恰当的服务。在公共服务领域全面推广大数据应用，从而利用大数据洞察民生需求，优化资源配置，丰富服务内容，拓展服务渠道，扩大服务范围，提高服务质量，促进形成公平普惠、便捷高效的民生服务体系。

资料来源：银江研究院。

图5-3　政务服务门户

① 唐婕.从孤岛到融合，以江苏的“一网通办”窥“智慧政务”的发展[J].中国建设信息化，2019（09）:68–69.

网上办事大厅对应政务服务办事功能，根据需求对行政权力运行及公共服务事项进行分类展示，以办事指南为核心提供服务指南。网上 App 服务平台能让民众通过手机终端程序，随时随地提交审批材料进行办事申请，避免往返于办事大厅。微信服务平台是基于微信平台的网上办事大厅，民众通过微信公众号或小程序就能体验到网上办事的便捷。其匹配了提问、反馈、评价等一系列服务机制，可以减少政府在政务服务环节的重复性验证工作，还可以通过数据反馈提升政府工作人员的服务水平。中介服务平台集项目业主、中介机构、监管单位三方为一体，提供线上线下全流程一体化服务，以便达到统一服务承诺时间、统一规范收费标准、统一服务标准、公开诚信评价的目的。大厅智能服务平台将先进的信息化技术应用到政府公共服务中，为公众带来全新的服务体验，提高了公众对政府公共服务的满意度。

三、对内管理“一体化”

为满足政务服务、公共服务、中介服务的内部业务办理要求，政务大脑对内建立了业务管理平台（见图 5–4）。其通过对数据的共享和集中、统计分析和深度挖掘，有效拓展了各级政务部门决策的信息边界，提高了行政管理和决策水平。结合数据交换共享，业务管理平台通过跨部门的信息共享、业务协同实现群众办事服务事项的“一窗”受理，从而避免群众在办一件事时折返于多个部门、重复跑路，逐步实现政务服务的就近办理、同城通办、异地办理，变“群众来回跑”为“部门协同办”。

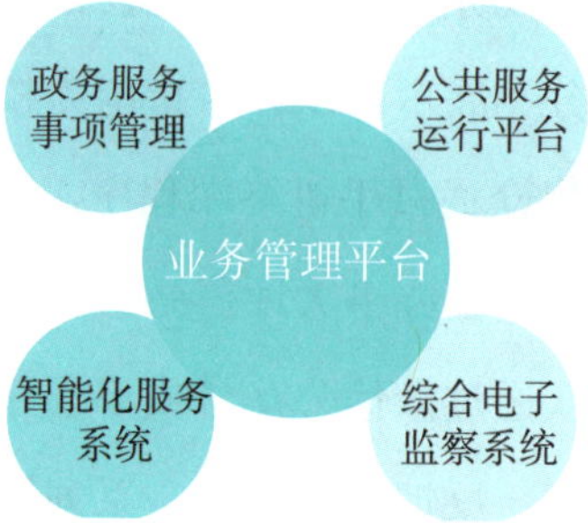

资料来源：银江研究院。

图 5-4 业务管理平台

政务服务事项管理系统通过行政权力事项的在线编制、审核、发布和动态管理，实现对所有部门所有权力的动态管理，保障网上权力运行的公开、阳光和高效，是政务大脑的基础。公共服务运行平台基于统一的基层便民服务中心（站），同时整合县（市、区）部门的政务服务信息化资源，以信息化手段提升基层办事效率，改善基层政务服务的公共服务水平。智能化服务系统以智慧终端设备为基础，对周边硬件设备与系统进行深度集成，实现事项办理过程的智能化和快速化，打造智能化便民办事服务大厅，使公众充分享受到信息化带来的便利，提升公众办事体验和办事效率。综合电子监察系统主要对政务服务、便民服务、中介服务事项的办理过程进行全流程实时监察，便于监察机关进行监督整改和追究责任。

借助政务大脑的数据治理、共享交换、系统融合等能力，将政务信息系统整合共享并推动各级政府由“网络通”、“数据通”向“业务通”方向转变。截至 2018 年 4 月，通过国家共享数据交换平台，政府建立了 71 个部门与 31 个地方和新疆生产建设兵团互联互通的大通道，摸清了 71 个部门与 5 000 个信息系统的家底，消除了 2 900 个信息孤岛，构建了涵盖 53 万多项目录的数据资源体系，打通了 42 个垂直信息系统，发布了 508 个数据服务接口，初步疏通了 20 个重点领域的堵点问题，支撑数据共享交换超过 305 亿条次，制约电子政务发展的共享难问题得到有效改变。[①]

① 王伟玲 . 从起跑到加速：我国电子政务的四次嬗变 [J]. 中国工业和信息化，2019（05）：92–96.

第六章
城管，像绣花一样精细

当下，中国城市化既需要速度，也需要质量。只有用“心”、用“脑”，才能用巧“手”绣出美丽精致、赏心悦目的城市图案。

第一节
从“粗放型”到“精细化”

相信不少人都看过《老炮儿》，它是中国电影2015年的一声惊雷。该影片有个纪实小品式的别致开头：在冬日的北京街头，无照经营的煎饼摊小贩灯罩儿跟城管起了冲突，为了保住糊口度日的家什儿，小贩撞坏了城管的警车车灯，而城管扬手就打了小贩一记耳光。在紧要关头，老炮儿出场替灯罩儿赔了钱，又拍了拍城管队长的脸，用他所谓的“合理合法”的规矩摆平了事端。

艺术源于生活。《老炮儿》中的城管故事，让人想到发生在北京的那起震惊全国的案件。2006年，同样是在北京，同样是一位城管队长，同样是由“没收”小贩的三轮车引发的冲突，北京城管李志强被小贩崔英杰刺死。李志强成为全国第一位城管烈士，而崔英杰一审被判死缓，后减为无期，再减为有期徒刑20年。

在老炮儿看来，这样的结局或许也算是“合理合法”的吧。城管执法是中国社会多年来绕不开的话题，充斥着现实中的无奈和矛盾，一方面是小贩需要维持生计，另一方面是城管需要秉公执法。在明确的地方性法规面前，这貌似成了不可调和的矛盾。城管和小贩不断地上演着街头闹剧，供看客消遣，供舆论调侃，成为城市发展衍生出的矛盾。

大家眼中的城管好像就是一种不受小商贩待见的职业，是一些网民谩骂的对象。然而，摊贩管理其实只是城管工作中的沧海一粟。城市管理是一个复杂的系统工程，千头万绪，包罗万象，涉及群众的吃穿住行，可谓牵一发而动全身。在经济快速发展和社会转型时期，我国城市管理中潜藏的各种矛盾交织在一起，很多问题逐步暴露出来。①

这些问题集中表现为人民群众对城市优质公共空间的需求与落后的城市管理手段之间的矛盾。由于体制机制、政策法规、管理能力、技术装备、信息收集与处理措施等多方面的准备仍然不足，政府管理粗放低效，城市管理出现“盲区”和“真空”。

系统化思考、制度化解决和科学化治理是现代城市管理的内在要求。习近平主席指出：“城市管理应该像绣花一样精细。”从“粗放型”到“精细化”也是城市管理的必然趋势。“绣花”只是一种城市管理的“微操技术”，政府还需要在体制、机制、责任制等方面做制度的精细化。

① 隋宝玲，田慧．当前城管执法中几大难题及治理对策：对城市管理中六大顽症的治理对策 [J]. 城建监察，2006(6):11–12.

| 第二节 |
智慧城管的探索

目前，我国已经有几百个城市建设了智慧城管，升级了原来的数字城管系统，提出了创新的城市管理模式。住建部城市管理精细化试点杭州市上城区智能管控平台以及全国首个“智慧城管”宁波智慧城管的成功建设，将智慧城管多年运行的经验总结进行升华，为城市智慧管理的发展指明了方向。

城市管理涉及方方面面，关乎全城百姓的生活品质。制度必定是决定智慧城管成功与否的首要因素，而智慧技术是次要因素。只有两者相辅相成、互相配合，城市管理才能更有序、更暖心。

一、智慧制度的探索

我国从 2003 年下半年开始进行城管执法体制改革，形成了长达十几年的三分天下之势：实行相对集中行政处罚权体制的有 1 000 多个市（县、区），实行城市管理领域内综合行政执法体制的有 1 000 多个市（县、区），实行传统城建监察体制的有 1 000 多个市（县、区）。①

2015 年，国务院正式印发《关于深入推进城市执法体制改革改进城市管理工作的指导意见》，首次明确城市管理的主要职责是市政管理、环境管理、交通管理、应急管理和城市规划实施管理等。城市管理主体可以分为两类：一类主体只承担部分城市管理职责，如文化、

① 马春莉，乔真，崔迪，郝力.数字城管迈向智慧城管的探索与实践[J].中国建设信息化，2019（08）: 56–59.

食药、交通等部门；另一类主体的全部职责都属于城市管理范畴，如市政、环卫、园林以及供水、供气、供热等专业单位。改革的实质是综合设置第二种管理主体的机构，消除管理主体间的体制性内耗以及物质资源分散降效，从体制上保障城管中游管理、养护和下游处罚各个职责和各种资源顺畅衔接，权责一体，维持城管的基本效率。

各地紧密结合城市管理实际需要，通过地方立法、大部制改革和数字城管标准改进等多种渠道，让城市管理从末端处罚向依法治理、源头治理转移的战略目标挺进。通过地方立法，武汉、合肥、德阳、上饶以法律形式固化了大城管体制改革的成果，采取了以法律固化源头治理的保障措施，为城市管理步入法制化轨道树立了典范。南京、海口、合肥、上海、沈阳等上百个城市充分发挥大部制优势，形成城市设施管理、环卫养护和城管执法的城市源头治理的行政资源及物质资源的合力，利用其补齐城市规划和建设遗留的短板，进而提升管理效率和水平。

二、智慧技术的创新

以“云、物、移、大、智”技术为代表的智慧城市大潮在涌动，智慧城管也应运而生，为城市变革提供了契机。省、市、县、区层面陆续都在不同领域开展技术升级和方向探索。

2016—2018 年，安徽省、浙江省、重庆市等一些城市和部分城区分别发布了推进智慧城管建设的指导意见或设计方案。从已经出台的地方政府文件和国家 5 个专业规划对城市管理应用领域的要求来看，智慧化升级的方向主要是推进城管行业应用智慧化改造升级，推进数字城管平台智慧化功能升级，推进省级平台和监督联网建设。

智慧城管系统通过融合智能识别、智能研判、指挥调度、案件流转、大数据分析决策等多项平台[①]，将城管人员、协助企业、各级政府部门实时连接于一体，打破城市管理业务壁垒，提供敏捷城管调度、精准人中稽核、智能考核管理等多种应用服务，实现各类业务信息的统一采集、统一处理和统一评价，降低管理成本，提高一线城管作业效率，同时为政府主管部门提供科学的城管监管手段，实现公开执法和阳光执法。

从当前智慧城管的运行现状及城市管理的效果来看，智慧城市系统还不能从根本上解决许多老问题和满足新需求。以人工智能技术为核心，直接面向解决场景问题的“城管大脑”是当下能够更好地辅助城市管理的措施之一。

城管大脑通过数据中枢融合物联网、互联网的数据以及相关信息系统的数据，以更好地进行协同和调度；通过大数据、人工智能等技术探索城市管理中的规律，为城市管理提供智能服务。城管大脑赋能城市管理核心业务、拓展应用、协作应用、通信手段，形成全方位覆盖、高效率运行的新型城市管理模式（见图 6-1）。

城管大脑借助路面监控、卫星定位、大数据、云技术等先进技术手段建立城市管理大数据库，以基层管理需求为导向，以智能化、信息实时化、分析多维化的方式实现城市基层管理事务的业务受理、指挥调度、协同工作、评价监督和动态管理，实现一线工作人员在环卫、质监、查违、河道、停车、绿化、市政等各项城市管理工作上的创新

① 王正俊，徐艳．智慧城管系统关键技术研究 [J/OL]. 中国科技信息，2019（13）：63–64［2019–07–12］. http://kns.cnki.net/kcms/detail/11.2739.N.20190628.1138.048.html.

和升级，从而促进城市创建和城市管理工作由被动向主动、静态向动态、粗放向精细、无序向规范转变。

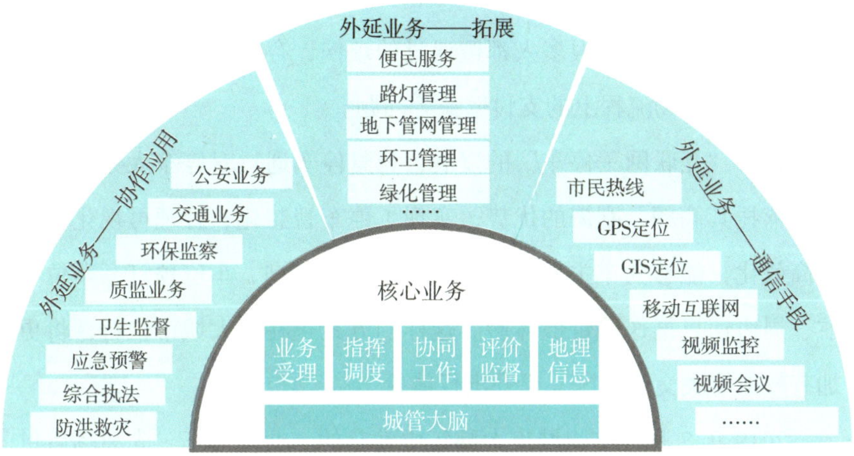

资料来源：银江研究院内部资料。

图 6-1　城管大脑赋能图

| 第三节 |
城管大脑，让生活更美好

城市管理与我们的生活息息相关，是居民生活幸福的基础。物联网、云计算、大数据、人工智能、智能感知、智能视频等现代信息技术，被越来越多地应用于解决各类空间、立面、街面的“城市病”，不断提升着城市管理效能和服务能力，形成各地智慧城管的特色模式。

一、泊位共享，让停车更有序

治理城市的交通拥堵，一方面需要优化道路的通行能力，另一方面需要让完成运输任务的车快速停入车位。这就是城市静态交通治理要解决的“停车难”问题。

找车位困难，进出停车场排长队，掏现金交费，闸机距离尴尬……“停车难”是很多人都遭遇过的烦恼，存在停车位信息不对称以及进出停车场流程上的支付壁垒等问题。

随着“互联网+停车”的发展，智慧停车通过对停车大数据的掌握，依托其高频、刚需的优势，实现了停车智慧化、管理可视化和运营高效化，能够为车主提供电子支付、车位查询、车位预订、车位导航、周边信息推送等价值体验。这样的方案正在各大城市推行，将更加有效地解决交通问题，提升出行体验。

2019 年 7 月，杭州城市大脑年中发布的“便捷泊车·先离场后付费”项目就是其中一大惠民便民服务的典范。城市级停车系统是支撑这一服务的利器，由杭州城市管理局牵头的杭州城市大脑城管专班率先搭建，以实现全市停车资源的统一接入、信息汇聚和发布，为杭州市民提供“全市一个停车场”的智慧生活体验。“先离场后付费”的车主无须采取任何行动即可快速离开停车场，这能为车主节省离场时间。同时，车主只需进行一次绑定，就能全城通停。在支付方面，“先离场后付费”目前已经开通了支付宝、银联等支付渠道，并在不断增加微信、市民卡等其他渠道，让市民可自由选择停车支付渠道。

截至 2019 年 7 月，“先离场后付费”已覆盖上城、下城、江干、拱墅、西湖、滨江、景区、钱塘、余杭等区域，其中包括各城区几个主要商业综合体、医院等的大型停车场，比如上城区湖滨银泰、下城区嘉里中心、江干区杭州大厦 501 等。系统开通场库 1 859 个，覆盖泊位 263 637 个。[①] 同时，停车专班还在积极探索抬杆工作，在政府投资的 75 个停车场率先落实抬杆，在量的基础上加速质的提升。停车系统还在推进社区停车位接入。

在停车应用场景的运行过程中，城市大脑专班还专门提炼出两个指数，即“停车指数”和“泊位指数”。停车指数是便民惠民指数，目的是帮助出行者（车主）判断出行方式或尽快找到停车位，数值越低，车位越好找，周边道路越畅通。泊位指数是反映社会协同能力和治理能力的指数，数值越高，停车场运行效率越高。

二、垃圾分类，让环境更整洁

2019 年 7 月，上海百姓最害怕的莫过于垃圾监督员的一句“你是什么垃圾”。这就是上海实行强制垃圾分类制度初期产生的影响。苏州、北京、郑州等地也陆续被爆出垃圾分类立法工作情况，不同城市的垃圾分类标准成为这个清凉夏天最热的话题。

由于人们长期不重视培养垃圾分类的意识和习惯，所以大家搞不清楚什么是干垃圾和湿垃圾，小区里没有对应的垃圾桶，家里也没有对垃圾桶进行分类……现代人已经习惯采用高科技方法来解决所遇到的问题。一两个星期后，微信小程序、支付宝小程序等小系统就上线来拯救为垃圾分类抓狂的芸芸众生了。更多的智能化垃圾分类黑科技也迅速涌现。

在北京，垃圾分类用上了“人脸识别”技术。在西城区新风街一号院，居民们需要“刷脸”扔垃圾。这里的垃圾箱统一被换成了分类垃圾箱，且每个垃圾箱的投放口都是封闭的。更特别的是，每个垃圾

---

① 杭州城市大脑年中发布 [EB/OL].（2019–7–11）.http://mini.eastday.com/a/190711174701209.html.

箱上都装了摄像头。当居民们手提垃圾站在垃圾箱前时，摄像头就会自动识别人脸，倾倒口的挡板便会打开。居民们需要将厨余垃圾、可回收物、其他垃圾分门别类地扔进垃圾箱。分类最细的一组智能柜设有纸类、塑料、金属、纺织品、厨余垃圾、其他垃圾、电池电子垃圾7个投放口（见图6–2）。[①] 除了这一特殊的“刷脸投放”功能外，小区里还配备了一个垃圾袋自动发放机，居民可凭积分领取免费垃圾袋。这套设备不但可以美化居住环境，还可以培养居民合理投放垃圾的良好习惯。摄像头会对乱投、乱放垃圾的人进行记录并给予提醒，这进一步提升了居民垃圾分类的意识和质量。

图6–2　北京新风街一号院智能垃圾箱

在成都，智能化、物联网等科技元素十足的“小黄狗”智能垃圾

① 北京一小区垃圾分类用上人脸识别 累计积分可兑奖 [EB/OL].（2019–7–12）. http://news.hangzhou.com.cn/shxw/content/2019–07/12/content_7225985.htm.

分类新模式开启了垃圾分类的新时尚。“小黄狗”智能垃圾分类回收设备（见图 6–3）将可回收物分为纸类、纺织物、饮料瓶、金属、塑料、玻璃等回收类别。在市民下载 App、注册并扫码使用后，它可以按照计件、计重两种方式来确定返还的“环保金”数额。[1] 该设备还可以智能“识别”垃圾种类，防止用户误投、乱投。比如，用户投了一个砖块到“饮料瓶”类别，它就会自动把砖块返还到投递口，还能把误投信息录入用户的数据，形成用户的行为肖像。未来，“小黄狗”还将推进“互联网 + 回收”与“天府市民云”平台对接，利用社区便利店、便民服务点、社区服务点探索“代收代储”等新模式，逐步形成稳定、高效、安全、便捷的回收渠道，提升回收率。此外，它还将健全居民“绿色账户”、“环保档案”、积分兑换等激励机制，并进行将垃圾分类纳入征信系统的探索。

资料来源：红星新闻。

图 6–3　“小黄狗”智能垃圾分类回收设备

① “小黄狗”垃圾分类模式在高新试点 可智能“识别”垃圾 [EB/OL].（2019–01–17）. https://baijiahao.baidu.com/s?id=1622834116054208392&wfr=spider&for=pc.

三、摊贩管理，让社会更温暖

地摊经济由来已久，只是城市从未将其完全合法化，所以它是一种边缘经济。沿街叫卖的小商贩和城管这对“天生冤家”已经“斗智斗勇”了几十年，从“猫捉老鼠”到暴力对抗，上演着一幕幕市井短剧，人们已经对此习以为常。

“地摊经济”给一部分低收入人群或事业人员带来了便利，却也给城市管理造成了一些麻烦。其实，地摊经济也是市场经济的组成部分，能满足普通百姓的生活需要，活跃城乡交流。对于社会来说，它可以拓宽就业渠道，使作为弱势群体的小摊贩以极低的成本维持生存。李克强总理也曾明确呼吁：“保留地摊经济，给底层人们一点温暖。”这就要求政府必须提高规划与管理能力，绝不能光图省事，一味追求环境整洁，而对小摊贩“一禁了之”，牺牲城市活力。

其实，流动摊贩管理也是让城管最头疼的问题，不仅需要花费大量的时间和人力，还要面临情与法的心灵考验。在摊贩管理过程中，执法人员容易混淆主管责任和考核责任，这不利于城市管理体制正常运作。

2018 年 6 月 8 日，济南数字化城市管理中心成立“智慧城管联合实验室”，将人脸识别技术、视频人工智能技术等高端技术都应用于济南城市管理，进而通过城管执法脸谱识别系统识别流动摊贩，提高执法效率。城管执法脸谱识别系统是通过城管部门在街道、市场安装人脸识别摄像机，自动检测和抓拍流动商贩的人脸图片，再将抓拍的脸谱与城市管理中心的人脸信息库进行对比，确定摊主身份，继而系统自动派单，执法人员会第一时间赶赴现场处理问题。[①]

此外，城管大脑能应用视频人工智能分析技术自动识别城市违法行为并进行自动预警分析，赋能城市管理中的占道经营、人行道经营、垃圾堆放、违规撑伞、违规广告、违章建筑、流动摊贩、渣土车扬尘治理、餐厨车管理等场景。同时，新技术的运用还可以探索“非接触式执法”，避免现场冲突和暴力抗法的发生。

一座城市的品质保证，三分靠建设，七分靠管理。“城市，让生活更美好”，依靠城市管理来实现。一处处细节的变化，展示了城市从粗放管理到精细管理的美丽嬗变，一座座现代文明城市正悄然呈现在市民面前。

① 济南推“智慧城管”：AI 技术刷脸分分钟识别游商小贩 [EB/OL].（2018–06–09）. http://sd.sina.com.cn/news/2018–06–09/detail-ihcscwxa9004532.shtmlhttp://sd.sina.com.cn/news/2018–06–09/detail-ihcscwxa9004532.shtml.

第七章
交通：畅快出行

全面感知路况信息，全局优化交通信号，全量唤醒沉睡数据，推动城市交通治理模式提档换代，创造畅快出行方式。

第一节
交通迈入 3.0 时代

随着城市人口的增长，机动车保有量不断上升，道路建设和交通配套设施不完善，以及交通拥堵已经成为世界级难题，也是每个城市管理者的“心病”。随着 IT（互联网技术）向 DT（数据处理技术）的科技革命，以及大数据、云计算、人工智能的兴起，数据越来越成为生产资料，计算越来越成为生产能力。城市交通管理、交通工程出现了新方向、新思路，人们看到了交通治堵模式有效变革的“曙光”。

智能交通系统（ITS）萌芽于 20 世纪六七十年代，以路径诱导系统和交通信号控制系统为代表，其发展历程可总结为 3 个阶段（见表 7-1），即从交通信息化到智能交通（1.0 时代）、从智能交通到智慧交通（2.0 时代）、从智慧交通到交通 AI（3.0 时代）。历经半个世纪的发展，国际国内各大城市已基本完成智能交通系统的设备集成、业务集成，实现了设备—数据—信息的阶跃。如今，政府可以借助大数据和人工智能技术，进一步从积累的信息中提取有用的知识，以人工智能算法为驱动力，解决交通系统中的深层次问题，赋予交通系统真正的智慧。

表 7-1　智慧交通系统的发展历程

时　间	阶　段	发展变化	主要特征
1997—2006 年	1.0 时代	从交通信息化到智能交通	设备、设施匮乏，软件系统薄弱，设备建设安装
2007—2016 年	2.0 时代	从智能交通到智慧交通	硬件设备和软件系统集成，数据算法薄弱，交通业务管理
2017 年至今	3.0 时代	从智慧交通到交通 AI	数据汇聚交换，模型算法驱动，人工智能应用，交通智能治理

资料来源：银江研究院内部资料。

智慧城市建设已经进行了多年，但是似乎并没能根治“城市病”，让人们感受最深的就是交通拥堵问题愈演愈烈。管理者希望通过实时治理交通来解决问题，但在这种“交通人治”的模式下，交通往往会陷入一种“越堵越建，越建越堵”的恶性循环。为了提升交管、治安、环保能力，国内很多城市每年都会铺设大量摄像头、线圈等硬件设施。一个城市的全部摄像头记录的视频数据量相当于 1 000 亿张图片，一个人要看完所有视频大约需要一百多年。海量视频数据都在“沉睡”，能被监管者查阅的不到 10%，而且不同监管部门重复建设的硬件导致数据孤岛越来越多，却仍然无法及时保障每一位市民的出行安全与体验。

当下交通的另一个痛点是在复杂多变的交通网络中安装单点智能摄像头、智能红绿灯，这一措施指标不治本，会导致拥堵路口、治安事件动态转移到附近路段，老问题产生新问题，怎么都管不完、治不好，市民的全局出行效率并没有得到整体提升。国内的交通灯“单点优化”已经遇到效能瓶颈，大规模全局交通优化是全球业界公认的发展方向。①

城市大脑在杭州的应用也让城市交通控制这门传统而古老的科学走进了人们的视野。城市交通控制系统发展至今已经有 150 多年的历史了。根据其发展特点，结合无人驾驶的分级，我们也可以形象地将其划分为 L0—L4 五个阶段（见图 7-1）。

资料来源：银江研究院内部资料。

图 7-1　城市控制系统演化图

从 1868 年世界上第一盏信号灯诞生一直到 20 世纪 70 年代是无系统控制的 L0 阶段。20 世纪 70 年代至 90 年代，以 MAXBAND 和 TRANSYT 为代表的基于交通模型和脱机配时优化定时控制系统的是 L1 阶段。到了 20 世纪 90 年代，SCOOT 和 SCATS 系统掀起了实时自适应交通信号控制的浪潮，我们视其为 L2 阶段。自 2000 年开始，交通控制系统由中心化的被动控制方式转向了分布式的主动控制的 L3 阶段。今天，城市交通控制系统已经发展为更加智能的集成信号管理

① 阿里云研究中心. 城市大脑：探索“数字孪生城市”城市交通数字化转型白皮书 [Z]. 2018-6.

系统的 L4 阶段，将和无人驾驶一起开创城市和交通的新时代。

智慧交通的新时代将是一个 HI@AI 的时代，也就是专家经验和人工智能融合的时代。人使机器更专业，机器让人更轻松，从而有更多精力去思考新问题。

| 第二节 |
交通装上"最强大脑"

从 2016 年开始，在智慧城市建设的浪潮下，随着智慧交通系统的推进，越来越多的城市在建设"城市大脑"时几乎都是优先配备"交通大脑"。百度、阿里巴巴、腾讯、AI 创企、传统安防企业等纷纷入局"城市大脑"，加码智慧交通建设，城市交通大脑的竞争开始白热化。国内巨头在深圳、杭州、武汉、贵阳、衢州、乌镇、苏州、重庆、澳门、吉隆坡等城市已经布局并实践。

在大数据、云计算、人工智能等新一代信息和智能技术快速发展的大背景下，城市交通大脑通过类人大脑的环境感知、行动控制、情感表达、学习记忆、推理判断、理解创造等综合智能，对城市及城市交通相关信息进行全面感知、深度分析、综合研判、智能生成方案、精准决策，从而更好地实现对城市交通的治理和服务，破解城市交通难题并提供系统的综合服务。其主要特征体现为大数据高度集聚与共享化、分析研判过程的高度智能化、需求响应的精准与实时化、方案生成与决策的高质量化、自我进化过程的动态化等。①

① 陆化普，肖天正，杨鸣．建设城市交通大脑的若干思考 [J]. 城市交通，2018，16（06）：1–6.

交通大脑是按照“城市生命体”理论，创新运用大数据、云计算、人工智能、移动互联网等前沿科技构建的平台型人工智能中枢。交通大脑作为新一代城市信息基础设施，其核心是由数据中枢和智能中枢组成的大脑平台，全面赋能面向交通出行行业场景的应用和服务（见图 7–2）。

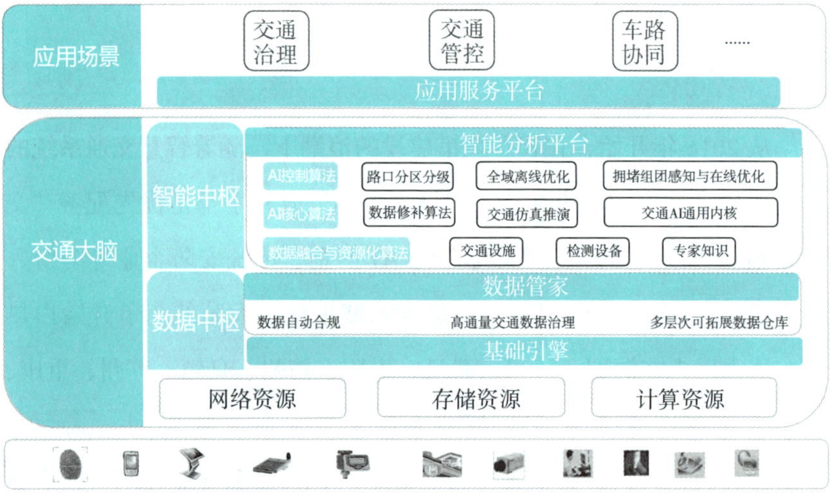

资料来源：银江研究院内部资料。

图 7–2　交通大脑

交通数据中枢汇聚交通出行及相关领域的海量数据，通过数据自动合规对数据规范与数据标准进行管理，从而进行数据质量评测与考评。高通量交通数据治理模块负责数据的初步清洗与修复，基于分箱法对数据进行过滤。多层次可拓展数据仓库是构建硬件资源的虚拟化基础平台，采用沙箱机制、微服务架构、大数据架构，实现数据架构可扩展、交换作业可扩展、数据预处理组件可扩展，满足交通大数据治理的大规模、时效性两大要求。

交通智能中枢主要通过数据融合与资源化算法、交通 AI 核心算法与交通 AI 控制算法，为交通大脑应用提供服务支撑（见表 7-2）。

表 7-2　交通大脑智能中枢主要模块功能

模　块	主要功能
数据融合与资源化算法	对设施资源进行交互式采集、模型化存储、时序式管理。设备资源集成化对设备采集的大数据基于统一交通时空模型进行融合，同时结合设备的可靠性评价对数据可用性进行精细评价和标定
知识资源规则化	对专家经验进行挖掘，构建交通知识图谱
交通 AI 核心算法	交通 AI 数据修补，基于深度学习对数据进行二次修补，提高数据可用性
交通 AI 仿真推演	基于数据对交通网络运行的宏观和中观指标进行仿真推演，构建全域交通数字孪生
交通 AI 通用内核	用来存放经过训练、标定的传统机器学习模型，深度学习和增强学习模型参数、环境参数，以及管理训练任务、训练模型集等。
交通 AI 管控算法交叉口重要度评价与智能分级	基于多源数据和专家知识对交叉口进行战略分级，区分交叉口的策略保障和策略辅助角色
全域离线优化	基于深度学习和增强学习对全域交通方案与交通参数进行大规模学习与训练，形成全域的离线控制方案
拥堵组团动态控制	基于实时数据对拥堵组团进行感知和推演，结合专家调控策略对组团式拥堵进行区域联控
深度学习控制参数优化	基于微观仿真模型对路口专家控制方案进行评价，并对控制参数进行优化

资料来源：银江研究院内部资料。

| 第三节 |
身脑一体完美配合

交通大脑是城市大脑中发展最早和最快的领域。交通大脑的本质和终极目的应是对交通系统的运行进行有效治理，实施的路径应是充分运用大数据和人工智能技术不断迭代交通智能治理的能力。城市大脑在交通领域打通“大脑”“眼睛”和“手脚”间的反馈控制系统，从多源数据出发，利用全局智能算法实现完整的交通大脑闭环和深度应用与服务。

在众多城市的交通大脑中，杭州交通大脑无疑是最具代表性和前沿性的案例。杭州交通大脑对“大脑”和“身体”的形象比喻十分生动，在强调“大脑”重要性的同时，认为“最亮双眼”（视频监控）、“最巧双手”（信号配时）和“最快双腿”（交警机动队）也同样重要。它们一起构成了城市生命有机体的交通体系，有效落实了“情指勤督”四位一体警务机制改革，促进了交通管理模式由定性管理向定量管理、由空间管理向时间管理、由机械勤务向机动勤务、由交通自治向交通共治的转变，推进了交通治理体系和治理能力现代化。

一、最亮的眼睛

在平安城市、天网工程和雪亮工程的建设下，大量摄像头已经遍布杭州的各个角落，每天产生的大量数据单纯靠人力去解读是一个不可能完成的任务。交通大脑通过区别于固定监控的球机视频检测技术，利用球机监控具有的变焦和360度变化功能，自动对交通事故、交通拥堵、违法停车、行人和非机动车四大类12项交通事件进行24小时全天候自动巡检，实现了球机视频监控事件自动报警、交通实时状态判定和预警算法、人工智能反哺信号控制等功能，推进了城市资源的科学配置和高效使用，以机器智能、机器换人第一时间发现事件并报警成了城市“最亮的眼睛”。

以杭州为例，自 2017 年交通大脑运行以来，日均自动发现警情 3 万余起，准确率达 95% 以上，并在 10 秒内完成报警；自动发现 110 种警情，并形成 97 种闭环处置模式；实时分析各项交通指标，使杭州从全国“堵城”排名第 3 位降到第 57 位……交通大脑正时时刻刻影响着我们的交通出行，并交出了一份份惊艳的成绩单。

同样的故事还发生在衢州的街头上。2018 年 5 月，衢州警方在交通大脑的帮助下，破获了一起 6 年之久的悬案。交通大脑依靠 3 张模糊不清的照片在海量的城市交通与监控大数据中精准搜索出了与犯罪嫌疑人具有相同特征的图像，从而描绘出了犯罪嫌疑人的行动轨迹。其仅用了 20 分钟就锁定了犯罪嫌疑人，并且呈现了他们犯案的全部过程，帮助警方最终将犯罪嫌疑人抓捕归案，这也是浙江警方借助人工智能破获的首起案件。①

二、最巧的双手

一座城市高峰期内的城区道路交通拥堵问题十分严重，这向信号配时工作发起了巨大的挑战。城市管理者基于人工方法不仅很难在短时间内精确把握交通拥堵问题的根源，对症下药，而且也无法提前预判拥堵情况的发生。而受限于数据的可用性，传统的单点优化方法也

① 新蓝网．三张照片破了六年悬案 衢州“城市大脑”破案这么牛 [EB/OL].（2018–08–02）. http://n.cztv.com/news/12966936.html.

难以胜任，计算出的配时方案通常与实际情况相去甚远，无法使用。为了配合“最亮双眼”的实时感知所产生的路口信号报警，及时“消红变绿”完善闭环处置，交通大脑基于人工智能深度学习的信号控制方法锻炼出了“最巧的双手”。

杭州市公安局交通警察局于 2018 年 4 月 18 日正式成立杭州“城市数据大脑”交通信号配时中心，开启了交通脉络建设的“杭州模式”。信号配时中心由城市大脑、配时中心团队、优化服务平台 3 个核心组织组成（见图 7–3）。城市大脑一方面收集数据，另一方面为交警支队指挥中心及交通信号配时中心或信号优化服务平台提供数据。交通信号优化服务平台一方面用获取的数据反哺城市大脑，另一方面为信号优化团队提供实时调控、实时优化等功能，而信号优化团队的调控经验和控制经验会同时传到服务平台。

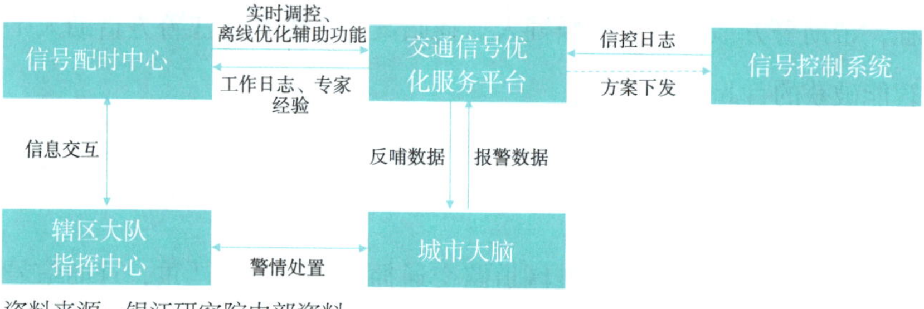

资料来源：银江研究院内部资料。

图 7–3　信号配时中心业务模式

经过一年的运行，信号配时中心借助超能人工智能信号优化服务平台的出色表现经受住了杭州复杂的交通环境的考验，还在道路修建施工的干扰下为杭州市民的出行节省了时间。通过接入 4 500 多条视频监控和近 1 300 个路口的信号灯，实时扫描感知在途交通量、延误指数、拥堵指数等 7 项“生命指标”，信号配时中心为研判交通态势和科学指挥调度提供了量化依据。[①] 比如，天目山路（西段）平均延误率降低 30%，出行时间节省 6 分钟；文二路平均延误率降低 33%，出行时间节省 5 分钟。[②]

2018 年，上海建设城市大脑后，浦西世博区的区域信号灯协调优化控制效果显著，使该区域的拥堵指数下降了 15%，出行时间减少了 8%。人车路权争夺状况也得到了缓解。上海黄浦泛外滩区域的车辆与行人通行效率极不均衡，路口人车密集，不同时段行人过街时间的差异很大，而视频数据分析与信号灯优化方案的使用使行人路口等待时间缩短 8.2%，车辆路口等待时间缩短 9.1%，做到了“人车双赢”。在夜间场景中也存在效率浪费问题，比如南京路—四川路交叉路口，夜间车流极少，等红灯时间过长，而动态信号周期压缩方案的实施将夜间车辆等待时间缩短 14%。在早高峰场景中，西藏南路、河南中路等主干道通过信号灯策略动态优化后，早高峰车速提升 3.7%，晚高峰车速提升 8.6%。[③]

三、最快的双腿

交通大脑通过“最亮双眼”自动发现警情以后，还需要勤务机制迅速跟上，否则没有实际意义。为了让交通大脑的作用最大化，杭州

---

① 新浪科技 . 直击 | 阿里云推杭州城市大脑 2.0：实时指挥 200 名交警 [EB/OL].（2018–09–19）. https://tech.sina.com.cn/it/2018-09-19/doc-ihkhfqns7583847.shtml.

② 新浪财经 . 城市大脑首亮香港展览 杭州政企共向世界献礼 [EB/OL].（2019–04–13）. http://finance.sina.com.cn/roll/2019-04-13/doc-ihvhiqax2343801.shtml.

③ 阿里云研究中心 . 城市大脑：探索“数字孪生城市”城市交通数字化转型白皮书 [Z]. 2018–6.

交警部门于 2017 年 9 月专门组建了一支由 67 名民警、150 名辅警组成的交警机动队，与路面常态勤务相叠加，归属指挥中心，将精准扁平指挥调度与多点就近快处有机结合，第一时间处置“交通大脑”发现的各类警情。

此外，交警部门推动警力持续下沉。2018 年 7 月，建立路面管理网格化数字勤务新模式，将全市划分为 67 个常态勤务责任区，依托交通大脑预警报警，实行网上勤务派勤，实现警力定位可视，积极构建以常态勤务为基础、数据引领为导向、机动勤务为叠加的网格化数字勤务模式，打造杭州主城区“158”快速反应圈工作机制（1 分钟响应，中心 5 分钟、外围 8 分钟到达）。①

交通大脑具备智能感知路况、智能判定堵情、智能巡查事件、智能优化配时、智能辅助指挥五大基本功能，由交警指挥中心为主应用，辖区大队分区具体实施，专业力量合成作战，推动指挥体系专业化、信号配时社会化、路面勤务动态化，提高了整个城市的交通管控能力和试点道路的通行效率。警务效能明显提升，推动了交通执法的信息化、智能化和精准化。

第四节
车路协同的新能力

如果城市交通大脑是交通智能化的最先进代表，车路协同就是交

---

① 杭州日报．依托不断进化的“城市大脑”，我们还将迎来更多惊喜 [EB/OL].（2019-03-06）. http://www.zj.xinhuanet.com/2019-03/06/c_1124198984.htm.

通自动化的最先进代表，二者都赋予了城市交通乃至整个交通新的发展能力。

随着国家高度重视智能交通系统的研究和推广，智能交通领域的关键技术持续实现突破，智能交通产业全面升级。自动驾驶领域的相关新技术具备了在可预见的未来进入大规模应用的前景，将给现行交通体系带来颠覆性的改变。车路协同作为自动驾驶的一种技术路线，将为未来的自动驾驶提供路的环境感知能力和车的通信能力等基础能力，直接加速自动驾驶技术成熟和推进智能交通扎实落地，对推动我国智能交通产业升级具有重要意义。

车路协同是将路上的红绿灯、摄像头、雷达等设备联网并进行边缘计算处理，感知道路状态并实时发送给智能交通系统中心和车，实现车与车、车与路、车与人、车与网络的实时信息交互，使车实时了解交通信息和危险状况。车路协同能解决恶劣天气看不清道路、超视距看不到道路、侧方车辆变道看不见等问题，有效提升驾驶安全。在道路设施数字化后，交通管理系统可以向车辆实时推送道路事故、拥堵等信息，帮助驾驶者选择更好的出行路径，改善道路规划、建设和管理，提升交通效率。同时，车与路的实时信息交互将为自动驾驶车辆提供雷达探测以外的更丰富的实时信息，解决当前自动驾驶领域中雷达和摄像头遇到恶劣天气、夜晚、遮挡等情况下识别不准的问题，降低自动驾驶的实现难度和实现成本。[①]

高速公路作为一个相对封闭的行车区域，不仅不允许出现混合交通，而且对进入的车辆和车速都有严格的要求与限制，以避免车辆混

---

① 罗超 . 车联网让无人驾驶渐行渐近 [J]. 中国公共安全，2019（05）: 74–78.

流。再加上其分隔行驶的方法避免了对向和横向车辆的干扰，所以给车路协同系统提供了绝佳的应用场景。

2018 年 12 月 29 日，华为与奥迪共同研发的智能网联汽车在延崇高速（北京段）车路协同与自动驾驶演示工作会议上进行了演示。此次演示首次在高速公路上实现了前方紧急制动预警、前方事故预警、异常闯入物预警、自动变道超车、自动减速、自动紧急停车等交通场景的展示。高速公路作为车联网技术未来的主要应用领域，受限于国内政策及测试场地条件，始终未开展规模性的车路协同应用场景验证。此次演示必将吸引更多人关注高速公路车联网应用。①

车路协同系统通过车辆与道路设备设施间的实时通信，改变了目前仅由车辆感知信息的单源交换方式，实现了不仅设备设施能够感知车辆、车辆也能感知设备设施的多源交互方式，达到了信息实时共享。因此，我们可以将其应用在如下交通信号优化场景中。

- 单路口车路协同信号优化：在道路时空资源富足的情况下，信号交叉口可自行独立控制，此时，车辆与信号交叉口之间通过车与信号机间的协同，实现信号配时的自动优化。
- 多路口自组织车路协同信号优化：在道路局部时空资源紧张的情况下，信号交叉口可自行组成一个临时组团，此时，组团内的车辆与组团交叉口之间通过车路协同的方式，实现组团区域信号配时的自动优化。

① 李新洲，汤立波，李成，李璐．高速公路车路协同应用场景分析 [J]. 信息通信技术与政策，2019（04）: 12–17.

- 全域自组织车路协同信号优化：在需要全局统一调控资源的情况下，全域信号交叉口进行自动协同，此时，路网上的车辆将接收由全域调度平台下发给每个信号机的控制指令，实现全域信号配时的自动优化。
- 特殊车辆车路协同信号优化：针对某些特殊车辆，如救护车、消防车、警车等，实现特殊车辆与特定路径上的信号交叉口及相应设备设施间的即时通信，此时，信号机为到达的特殊车辆及时开启绿灯，并通过可变信息板发布特殊车辆出勤信息等。

车路协同是智能化、数据化和互联互通的车、路、交通环境的整合。在物联网发展趋势下，这也正是自动驾驶和未来交通所要到达的场景。我们期待在智慧交通的未来每辆车都能与路进行“对话”。

第八章
健康：呵护居民身心

融贯“医”与“数”，让健康大脑与医生一起呵护我们的身心，守护我们的家人。

第一节
健康问题及其引发的问题

健康是促进人的全面发展的必然要求，是经济社会发展的基础条件，是民族昌盛和国家富强的重要标志，也是广大人民群众的共同追求。我国于2016年10月发布了《“健康中国2030”规划纲要》，全面部署了“共建共享、全民健康”的总体战略和具体落实要求。然而，医疗健康供需不匹配是我国城市发展的通病，我国在医疗健康领域面临着严峻的形势[①]。

近年来，我们一方面通过行政改革和机制创新解决城市医疗健康事业所遇到的问题，另一方面采用科技的手段来平衡供需不均、不匹配等问题。大体来看，我国医疗信息化经历了医院管理信息化、临床

① 相关数据参见第一章第三节医疗健康部分。

管理信息化、区域医疗协同信息化 3 个阶段（见表 8-1），逐步从医院管理、医疗业务、跨院共享 3 个层面提供了技术支撑，促进了医疗改革，提升了医疗服务。然而，随着我国进入社会主义新时代，人们对生活品质的要求也提升了一个档次。我国的医疗健康需求正在快速增长，并呈现多元化、层次化、动态化的发展趋势，医疗健康事业还有许多方面需要继续加强。

表 8-1　医疗信息化的发展阶段

发展阶段		起始时间	发展特点	代表产品
医院内部系统	医院管理信息化	1998 年	以收费为中心，以医疗管理为目的，提升医院的管理水平和日常事务的经营效率	管理软件：HIS（医院信息系统）
	临床管理信息化	2009 年	以患者和医疗过程为中心，以提高医疗质量和工作效率为目的	业务软件：EMR（电子病历）、医生护士工作站、LIS（医院检验系统）、PACS（医学影像信息系统）、CDSS（临床决策支持系统）等系统
	医院数据中心	2015 年	解决医院业务系统之间的互联互通，更有效的使用数据资产	医院信息集成平台、临床数据中心、运营数据中心等
医院外部系统	区域医疗协同信息化	2015 年	医疗健康信息和资源的共享	底层平台：人口健康信息平台、GMIS（通用机器智能系统）向医联体、医共体形式的区域医疗服务信息化发展

资料来源：银江股份浙江省智慧健康操作系统重点企业研究院内部资料。

从“健康—疾病”的干预环节来看，就医支付、诊疗服务两个中间环节比较强，健康管理、健康干预、康复服务、养老服务等前后环节比

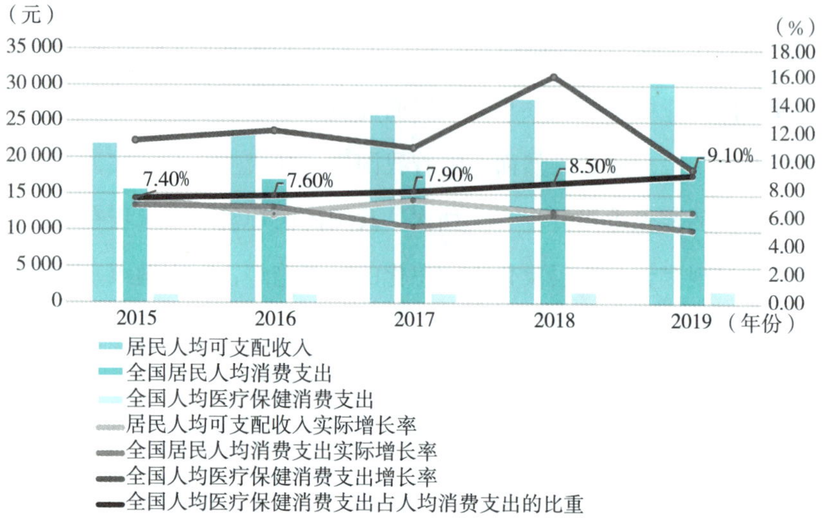

注：2019 年预测数据为 2019 年上半年增长率保持不变和收入 / 支出的两倍。

资料来源：银江研究院根据国家统计数据绘制。

图 8-1　近 5 年我国医疗保健消费情况

较弱。但对于大病来说，健康干预、诊疗服务、康复服务 3 个环节对消除疾病的作用占比基本上是 2∶1∶3。养老服务资源也存在巨大缺口，行业发展尚处在增长期，商业模式不够成熟。

从个性化服务来看，我国公立医院及民营医院主要提供差异化很小的诊疗服务，并不能满足我国居民多元化和层次化的消费升级需求。如图 8-1 所示，我国居民人均可支配收入逐年递增，预计 2019 年将突破 3 万元，同时，人均医疗保健消费支出及其占人均消费支出的比重连年增长。医疗保健消费正在升级，尤其是中国有接近 1 亿家庭都在消费升级。[①] 他们对医疗健康的效果、品质、体验等提出了个性化、

① 资料来源：清华大学全球产业研究院发布的《双规拉锯：开启中国医疗健康产业的未来》报告（2019 年 4 月）。

人性化的更高要求，而且具备更强的支付能力和消费能力，愿意为家庭成员的健康投入更多的时间、金钱和精力。但是，我国公立医院就诊量较多，难以抽出资源来做更高体验的诊疗服务；而私立医院由于缺乏优质医疗资源及行业发展环境限制，也难以持续做优。

健康扶贫是国家脱贫攻坚 7 个行动计划之一，既要防止因病致贫，又要防止因病返贫，需要持续攻坚。我国的健康扶贫计划已经取得了卓有成效的阶段性进展，但一些地区仍然存在腐败和作风问题，核心问题是专项资金未能专用以及政策落实“最后一公里”未能打通，导致贫困群众获得感不强。

在优质医疗资源流动和共享方面，尽管我国的医生可以多点执业，但是因医疗科研资源的限制和职称提升的需求，医生们还是更愿意到大型公立医院发展。目前，我国正在推进医院之间信息互通，但是没有将医疗科研资源互通列在其中，不利于二级及以下医院开展科研，不利于医生能力提升。

这些问题都需要医疗体系以服务居民为核心，进一步推进医疗资源的整合和医疗生态建设，逐步转变服务模式，让不同层次的居民都享有匹配的医疗服务，让医保基金得到更有效的使用。

第二节
健康大脑盘活医疗资源

一、健康大脑的理念

近年来，国家大力推动医疗系统采用互联网、大数据、人工智能等新兴技术来解决医疗健康发展问题。在进行智慧城市建设的过程中，各个城市也发现了医疗健康领域依旧存在信息孤岛及数据资源闲置现象，这些现象导致医疗系统不能为居民提供更高效、更优质的服务。其根本原因是没有打通数据通道和价值通道，缺乏可信的资源和利益共享机制。

针对智慧医疗当下尚未解决的老问题及人们的新需求，健康大脑提出了新的建设理念和方法，即以场景为驱动，赋能智慧医疗发展。健康大脑像一个隐形的智者，对城市医疗健康资源进行全盘、全体、全流程、全生命周期的梳理和了解，为医疗健康资源供需搭建精准的纽带（见图 8-2）。

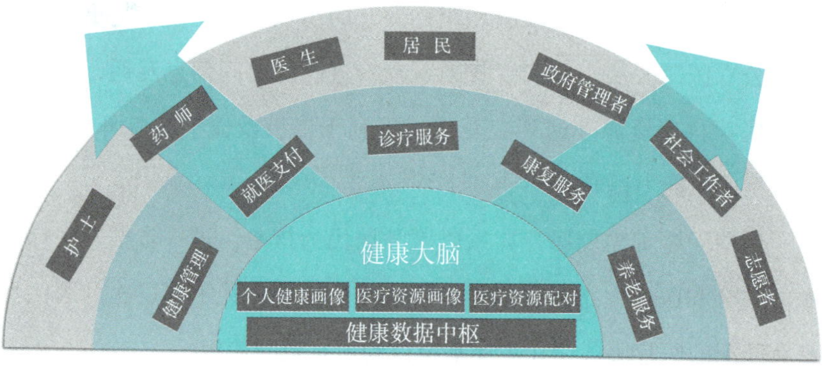

图片来源：银江研究院内部资料。

图 8-2　健康大脑赋能图

- 全盘：通过数据中枢将城市医疗健康资源连通成一盘棋；通过智能中枢对个人健康和医疗资源进行画像，并根据画像进行精准配对。这是健康大脑的核心能力，以此为基础赋能医疗健康应用场景。
- 全体：健康大脑服务于医疗健康事业的每一类人，不仅包括居民、医生、护士、政府管理者，还包括药师、社会工作者和志愿者。

- 全生命周期：健康大脑为个人的全生命周期医疗服务赋能。
- 全过程：健康大脑为“健康—疾病—健康”全过程的服务环节赋能，加强每个环节之间的衔接。

二、健康大脑的核心要素

健康大脑的核心要素就是健康数据中枢和健康智能中枢。健康数据中枢像纽带一样把城市医疗健康资源连通。这需要通过技术和机制创新提供标准接口，实现数据的统一归集、统一管理和共享开放。例如，沈阳市区域人口健康信息平台将综合医院、专科医院、基层医疗卫生机构、专业公共卫生等 2 000 多家机构与家庭及个人的数据资源融合在一起，形成全市的健康档案数据库、电子病历数据库、人口信息数据库、卫生资源库，实现各个横向业务机构和纵向管理机构之间的信息互联互通与业务协作。该平台覆盖沈阳市 13 个区（县）、800 万常住人口，为沈阳全体市民提供全生命周期的医疗服务。

健康智能中枢的主要模块是个人健康画像、医疗资源画像及医疗资源配对。个人健康画像（见图 8–3）就是通过大数据和人工智能技术比对医学知识，对个人的各项身体指标数据进行分析，给出个人的健康状况及未来发展趋势报告。例如，2019 年 6 月，“广东省第二人民医院健康管理平台”微信公众号就提供免费的个人健康画像功能。另一些 App 和智能装备也提供中医诊疗的健康画像，但其实用性还不够。个人健康画像不仅应用于医疗健康领域，而且广泛应用于电商、餐饮、娱乐等领域。

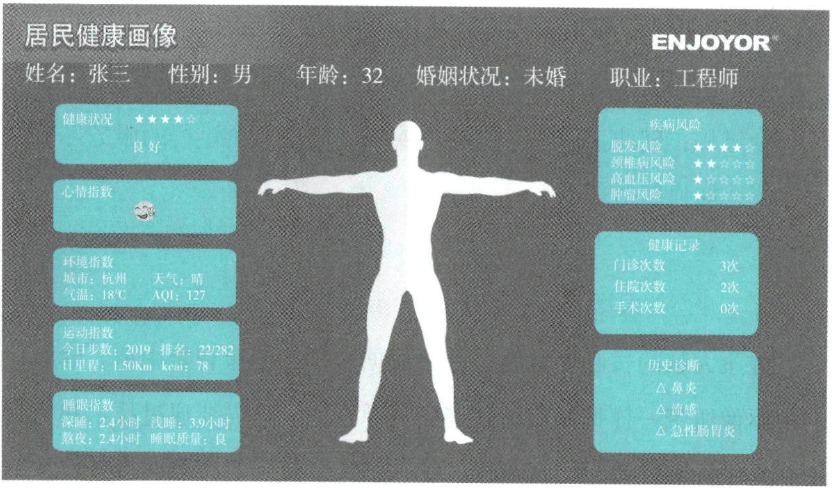

图 8-3　个人健康画像

医疗资源画像主要是对城市拥有的医疗资源数量、质量、特色进行分层分析，以深度了解宏观、中观、微观层面的医疗资源分布情况。从宏观来说，医疗资源画像就是历年城市医疗卫生资源和医疗服务情况。从中观来说，医疗资源画像可以是一个医院各科室、医生、护士的分布，也可以是城市层面各专科资源的分布。从微观来说，医疗资源画像可以具体到每个医生的特长、历史诊疗量、诊疗效果等。

医疗资源配对就是基于个人健康画像和医疗资源画像，通过建模、算法、计算等方法为个人动态地推荐个性化的医疗方案。例如，在初夏手足口病高发期，一个中产阶级居民在上午 9 点左右需要携带患病发烧的幼儿就诊，健康大脑就会根据其经济状况和偏好，为其推荐距离 5 公里、隧道直达的儿科较强且可以获得半个小时就诊号的私立医院，而不会推荐距离 1 公里且上午号已满的社区医院和距离 15 公里的市立儿童医院。这样的推荐让患者获得了优质的服务，尽管增加了家庭的负担，但这种负担在其完全能够且愿意承担的范围内。从社会角度来说，这也分流了公立医院的就诊量，缓解了就诊压力。

未来智慧健康的建设，更多的是数据服务和服务运营。城市健康大脑的推广使用将实现业务应用、业务协同和信息共享，赋能公共卫生、医疗服务、医疗保障、药品管理、计划生育、综合管理等场景，实现从“被动适应”向“互动协同”服务模式的转变，实现个性化医疗和精准医疗，促进形成有效的分级诊疗服务体系，切实改善和缓解市民“看病难，就医贵”的问题，优化区域医疗资源配置，提高医疗服务水平和医疗质量，降低医疗费用，提升卫生综合管理水平和政府综合决策能力。

第三节　场景赋能：精细化和个性化

城市健康大脑近几年快速攻克了一些关键技术，涌现了一些便民惠民的案例，也出现了一些新的服务模式和发展方向。本节将聚焦医疗健康服务，主要从服务居民、服务医务人员、服务医院、服务政府4个方面介绍最新情况。

一、服务居民

在居民就医全流程中，就医支付是最先实现惠民便民的领域。在互联网医疗爆发期，最先上网的是挂号资源。浙江省在2010年10月就上线了浙江省预约诊疗平台，居民可以通过拨打电话或上网预约在全省大大小小60多家医院的专家门诊挂号，这是一项解决百姓挂名医号难的惠民措施。自2013年10月起，杭州各大医院陆续推出了诊间结算的智慧医疗服务，患者不需要去收费窗口或自助机前排队交费。2017年12月，杭州各大医院又开通了支付宝绑定电子社保卡的服务，给市民免去了忘带市民卡的不便，也免去了余额不足需要排队给市民卡充值的烦恼。有些医院也推出了网上查阅检查报告和快递送药等业务。在就医流程上，目前很多城市已经做到了极致，极大提升了居民的就医体验。

为了推动分级诊疗和进一步加强医疗健康服务的可及性，有效解决百姓看病难、看病贵和医疗资源利用率的问题，目前我国正在开展家庭医生签约服务。基于家庭医生，居民可以通过门诊服务、出诊服务、网络互动平台等途径获得常见病和多发病的中西医诊治、合理用药、就医指导等个性化基本医疗服务和健康指导。基于居民健康画像，签约医生团队能够及时发现并最大化满足居民对健康的个性化需求，大大提高居民满意度。以沈阳为例，2018年1月，沈阳公布了140家可承担家庭医生签约服务的医保定点医疗机构名单，也开通了家庭医生签约服务平台。签约居民可在享受国家基本公共卫生服务项目及一般常见病、多发病的诊治基础上，享受个性化健康管理、健康评估、健康咨询等服务。

面对老龄化和护理师严重不足等问题，日本很早就大力发展了护理机器人。[①] 松下公司在2009年推出了一款独特的机器人床，旨在帮助腿脚不灵便的老年人和残疾人移动，让他们实现生活自理，目前已

① 人民网.综述：日本大力发展护理机器人[EB/OL].（2015-11-16）. http://world.people.com.cn/n/2015/1116/c157278-27821265.html.

在多家养老院得到应用。机器人床由固定的床和轮椅状的机器人两部分组成，轮椅可以放平与床拼在一起。床与轮椅的分离和组合只需要按按钮，一个人就能完成从躺在床上到坐在餐桌边、进入盥洗室、前往会议室等活动。Robear护理机器人既温柔又强壮，不仅能在老人站起和坐下时提供支撑，还可以举起一个老人。近几年，我国的护理机器人也逐渐发展起来，多是家庭陪护类机器人，主要集中在自然语言交互和图像识别技术应用领域，主要功能是聊天、用药提醒、跌倒报警等。

我国正在推动电子健康档案向个人开放，从个人“被动参与健康管理”向个人“主动参与健康管理”转变。合肥、重庆、甘肃、新疆等地已经率先施行电子健康档案向个人开放。受个人隐私、信息安全性、开放之后的服务模式等多方面因素影响，电子健康档案开放工作的进展较为谨慎，发展比较缓慢。随着区块链技术等信息安全技术在个人健康档案上的应用以及人们观念的发展和制度的完善，未来几年，以个人身份为唯一标识、以个人健康数据为核心、贯穿全生命周期的电子健康档案将向个人开放，这将极大丰富医疗健康服务，为个人提供更加便捷和个性化的服务。

二、服务医务人员

随着人工智能在医疗健康领域的快速发展，在诊疗方面出现了很多“专家”为医生分担脑力活动，辅助诊疗决策，提升诊疗服务效率和质量。

较早为人所知的“专家”是诞生于2015年的沃森医疗机器人。2017年世界癌症日，沃森医生来到天津市第三中心医院参与为癌症患者举行的义诊。在获得治疗史、分期特征、转移位点、危重病情况等病理数据后，沃森机器人“思考”了不到10秒钟，就在电脑屏幕上开出了一张详细的西医诊疗方案分析单。然而，2018年7月其被爆出在美国出现误诊事件，因而一直遭受质疑。

在我国，2017年11月科大讯飞与清华大学联合研发的“智医助理”机器人以456的高分通过2017年中国临床执业医师综合笔试评测，成为全球首个通过国家临床执业医师综合笔试测试的机器人。“智医助理”机器人已经开始在合肥庐阳区“实习”，它不仅能够根据医生和患者的对话迅速生成电子病历并给出病情诊断，还具备查看病人病史、查询相似病例、查询临床指南、核对症使用的药品等功能。

人工智能医学影像辅助诊疗在我国发展得较为成熟，主要应用于胸片筛查、骨折智能诊断、肺癌筛查、主动脉夹层自动分割等，已经相当于一个高年资影像医生的水平。比如，对于常见病种以及影像科医生需要长时间做的重复性工作，人工智能医学影像可以在5秒内快速定位并勾画出病灶；胸片筛查可筛查11种疾病，自动诊断准确率超过95%；骨折正确诊断率超过90%；肺小结节的检出率超过95%。[①]2018年3月，浙江省核定数字影像服务费。患者每次只要花费不超过20元就能以二维码浏览、短信连接等入口方式，不限次数地浏览原始生成的无损压缩DICOM（医学数字成像和通信）格式的数字影像图片。患者可以通过授权分享及下载数字影像，而医疗机构应保护患者的隐私。医疗机构提供数字影像的服务期为：门诊患者15年、住院患者30年。该措施能够节约资源，减少环境污染，减轻患者

① 资料来源：慧影医疗科技（北京）有限公司官网，网址为http://www.huiyihuiying.com。

负担。医疗机构将全面推行检查检验结果电子化和互认共享，此举也将减少不必要的检查，降低医疗费用。

医院的护理机器人在特殊的环境下发挥了重要作用。上海仁济、郑大一附院郑东院区的核医学科病房的护理机器人代替医护人员在核素放射环境下执行病人体征测量、送药、环境放射性检测、巡检等病房服务，并可远程视频问诊和实时回答病患疑问。这减少了医护人员进入病房的次数，避免了不必要的辐射。同时通过视频探视，也减轻了病人的心理负担，给他们带来了情感慰藉。

在科研资源共享方面，在河南省首个妇幼专科医联体独立第三方智能影像中心的基础上，郑州大学第三附属医院开发了病例的收集、整理和分析平台，建立了宫颈癌、儿童脑发育等研究课题的病例库，打造了河南省妇幼专科数据中心，持续进行数据挖掘和科研创新。

目前，人工智能在诊疗环节的产品和案例发展较快。随着人才培训的同步加强，其将逐渐缓解我国当下存在的医务人员不足的问题。

三、服务医院

健康大脑以数据驱动医院管理改革创新和精细化管理。前面已经提到，医院在服务患者的流程上做的一些创新给患者带来了便利。在导诊上，很多医院采用了导诊机器人，该机器人可以通过语音交换等方式帮助患者快速就医。除了优化就诊流程之外，对于医院这个各类人群集聚的救死扶伤之地而言，安防和医疗质量控制这两个涉及安全的方面更为核心，急需健康大脑赋能。

尽管无论在技术上还是应用上，我国的智慧安防都走在了世界前列，但医院安防有其自身的特殊需求。医院精细化管理就需要很好地满足这些需求。

浙江大学医学院附属第一医院与上城区公安分局联动，推进医院智慧安防体系的创新应用，提升医院安保应急响应能力。[①] 该创新应用主要有 3 个关键点：一是实现智能安防体系和公安系统的联网与信息共享，让人工智能赋能安防，实现 3D 地图、可疑人员管控、智能检索、客流管控、报警联动、患者及危化品管控等功能；二是警医合作组建院内反恐应急小分队、交通协警队等多支安保管理队伍，加强安全防控；三是发挥小营派出所“135 快速反应执勤点”优势，实时联动，迅速有效地处置各类突发事件。曾经有一位患有帕金森症的老年患者与家属走散，医院保卫部仅凭家属提供的一张“人脸照”，利用 3D 地图“找人模块”自动显示最近的人脸历史轨迹，在地图上识别当时抓拍的人脸照片和视频录像，调取周边的视频监控点位进行录像快速查找。结果，医院保卫部在 1 分钟时间内就找到了目标人员的最新位置，并立即通过对讲机通知附近网格安保人员上前沟通对接，将患者送回家属身边。

物联网这张将物与物相连的网，与互联网、大数据、人工智能等技术一起，在医院管理众多资产、特殊人群等方面发挥了重要作用，极大地提升了医疗效率，减少了医疗差错。深圳南山区人民医院、武汉亚洲心脏病医院、西安国际医学中心、中国科学院大学深圳医院、广东省人民医院等一些大型医院十分重视物联网，已经建设或即将加

① 警医协作弘扬"枫桥经验"，听说，浙大一院有一套非常“智慧”的安防系统……[EB/OL] .（2018–09–17）. http://www.hzpolice.gov.cn/Html/201809/17/daf2db56–74b8–4d7e-9186–9d37938ac976.html.

强建设物联网医院（见图 8-4）。

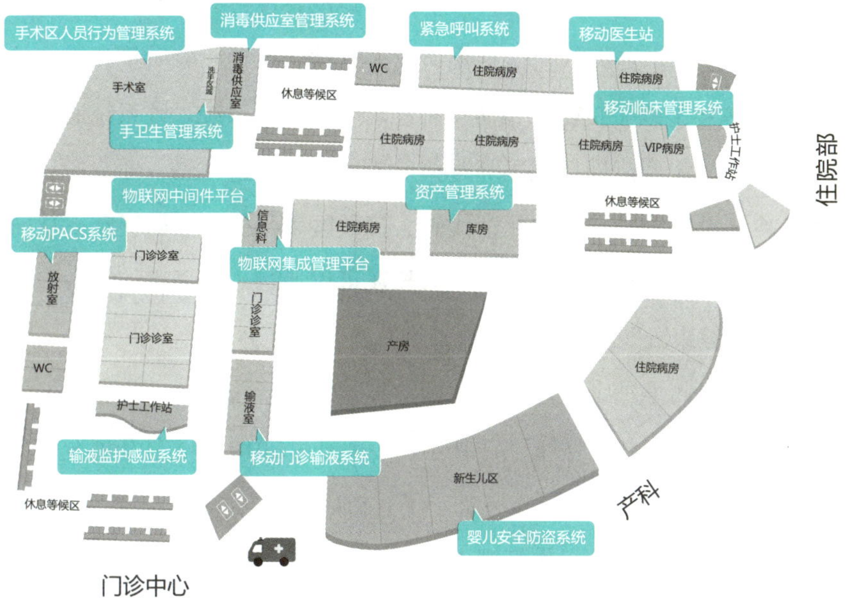

资料来源：浙江智尔信息有限公司。

图 8-4　物联网医院示意图

以武汉亚洲心脏病医院为例，其通过医疗物联网收集的数据开发了两类应用：一类是跟位置信息相关的应用，如婴儿防盗、资产管理、行为分析等；另一类是纯数据类型的应用，如生命体征监护、温湿度管理等。物联网在场景上赋能了整个就医流程，包括院前急救、院内人员资产管理、医疗安全管理（如婴儿抱错、严重感染病患者私自外出）、院外恢复监控等，构建了有效的患者安全体系。

四、服务政府

预防接种是主动消灭特定疾病的有效方式，是人民健康的重要防线。长生疫苗事件触痛了整个社会的心，也暴露出了我国疫苗在生产、流通环节存在的严重问题。其根本原因是没有进行有效的质量全程监控和责任追溯。上海依托信息化建设提升预防接种服务质量和管理效率，2018 年上线了疫苗和预防接种综合管理信息系统。该系统通过对每支最小包装疫苗进行赋码绑定，形成了“疫苗追溯码、疫苗产品编码、冷链设备编码、接种儿童代码、接种医生代码”五码联动，从而实现了疫苗全过程可追溯管理。家长还可以通过“上海疾控”微信公众号和“健康云”App 等方便地查询儿童预防接种记录。

为了深入推进全民健康疾病预防控制信息系统建设，创新发展模式，不断提升信息化管理与应用能力，我国在 2019 年 6 月开展全国疾病预防控制信息化试点工作，确定了省市区县一共 68 个试点，并从组织保障、工作内容、工作管理 3 个方面明确了首批疾病预防控制信息化试点的工作要点。

在传染病监测和预警上，除了传统的传染病监测上报之外，基于互联网舆情的疾病监测预警也是一种有效的方式。2019 年 7 月，中国疾病预防控制中心发布了基于国家传染病监测大数据的预测预警系统平台建设项目的招标公告。未来，我国将有一张遍布物理城市和虚拟城市的网，感知传染病的情况，并通过健康大脑判断局势，提供有效的对策。

相对于医院信息化建设，在公共卫生管理和健康扶贫政策落实等方面，我国还需要进一步完善网络，连接相关部门的数据，建立专业的健康大脑，以辅助决策和执行指令。

第九章
司法：管理城市情绪

业务数据化，敏捷管理城市情绪；数据业务化，深度汲取数据价值。坚守司法天平，让人民群众感受司法的公平正义。

第一节
司法治理之殇

司法行政是法治国家、法治政府与法治社会一体化建设的重要领域。习近平主席曾深刻指出："司法是维护社会公平正义的最后一道防线。"尤其是在当前社会转型期，越来越多的矛盾纠纷以诉讼的方式涌入法院。伴随着司法体制改革的深入推进和立案登记制的全面推行，各级法院受理的案件呈现大幅增长。由于入额办案法官数量进一步减少，法官办案压力不断增大。因此，在当前的司法实践中，最为紧迫与棘手的问题之一就是广大民众日益增长的司法救济诉求与有限的司法资源之间的矛盾[①]，司法程序效率难以得到有效保证，"案多人少"

① 高鲁嘉 . 人工智能时代我国司法智慧化的机遇、挑战及发展路径［J］. 山东大学学报（哲学社会科学版），2019（03）: 115–123.

的司法治理难题越发严重。

司法以公正为最高理念，司法公正可谓是司法机关的灵魂和生命线。司法公正包括程序公正和实体公正，其中程序公正的核心在于程序效率的实现。随着数据海量积累、计算能力大幅提升、算法持续优化，人工智能技术迅速发展，并在技术研发和产业应用方面取得突出成果。面对种类繁多、数量激增的矛盾纠纷，如何将司法实践领域的发展融入新一轮科技革命将成为一个全新的课题。

尽管智慧法院信息化等司法领域的信息化较为领先，但是司法行政系统建设相对落后。司法行政系统建设目前存在的问题主要有两方面。一是在业务数据化方面起步较晚，发展相对滞后，数据异构和质量低下，手动采集和重复录入的问题严重，大量的视频、语音、扫描件、图片、文本等信息难以得到深层利用。二是在数据业务化方面存在条线信息系统孤岛、跨系统流程衔接环节仍靠人工、全局分析挖掘缺乏、风险管理只是事后分析等问题。

2018 年 10 月，司法部印发的《"数字法治、智慧司法"信息化体系建设指导意见》提出，到 2019 年年底，初步建成"数字法治、智慧司法"信息化体系，形成"大平台共享、大系统共治、大数据慧治"的信息化新格局。①该意见共指出 3 个方面的建设内容。一是以互联网 + 战略为统领，建设"司法公共云"，搭建互联网与政务外网应用互为补充、涉密网络独立运行的网络架构。二是推动技术融合、业务融合、数据融合，打通信息壁垒，建设全系统统筹利用、统一接入的数据资源平台和共享服务平台，实现司法系统的业务全面协同和资源融合共

① 张纵华 . 信息化推动司法调研"更快更准"［N］. 人民法院报，2018-06-10（002）.

享。三是对标“一切业务数据化、一切数据业务化”，加速推进业务的数据化，通过数据应用重塑与优化业务流程和工作模式，推进司法系统履职能力的持续升级，为全面推进法治国家、法治政府、法治社会一体化建设提供有力的支撑。

第二节 司法大脑护天平

司法公正肩负着维护社会安定的重任，是稳定城市社会情绪的重要方面。司法大脑基于司法（厅）局、监狱局、戒毒局、矫正局、法制办、行业协会等司法部门沉淀的数据资源，通过共建、共享构建一站式司法数据资源平台和统一技术规范，全面感控社会矛盾纠纷，形成“平台＋规范＋制度”的数据治理与共享长效运行机制，实现“城市情绪”的全方位感知和法律服务促进，助力智慧司法端好公正的天平。

司法大脑由数据中枢和智能中枢组成（见图 9–1），以数据、信息、知识、智能全方位赋能法治业务各个环节，实现数据驱动的流程再造、管理决策，助力提升法治工作质效、风险驾驭能力，提升人民群众在法律服务中的获得感、幸福感与安全感。

一、司法数据中枢

司法大数据是法院、检察院等司法机构的重要信息资源。司法大脑围绕“以数据为中心”进行科学 IT 治理的主题，搭建基于数据交换治理平台的数据中枢平台，真正意义上实现数据打通与治理。

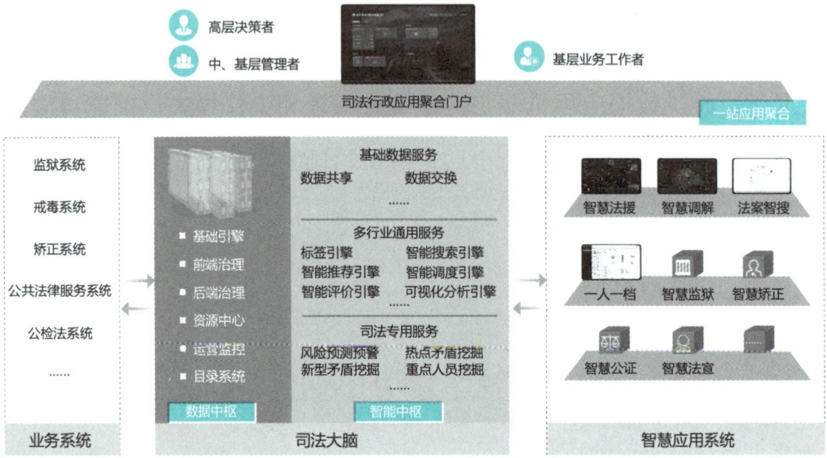

资料来源：银江研究院。

图 9-1　司法大脑

司法数据中枢采用前端治理系统动态管理数据源解读信息，包括数据源、业务元数据，并实现数据字段、字典的标准化映射，从而对业务信息系统的解读信息进行完整的、规范的、动态的管理，实现随时可查，保持随时可用。针对新建系统、改造系统，司法数据中枢基于标准规范制定约束业务系统数据实现及时共享，满足质量检核标准，将数据孤岛消除在萌芽状态，形成数据质量提升的倒逼机制。

为了满足各种潜在的数据应用，建设后端数据治理系统进一步实现数据资源的清洗、转换、融合、保护等功能，确保数据安全使用、高质易用，使数据的价值得以提升，司法数据中枢还通过 ETL（数据仓库技术）引擎或总线方式实现数据资源的全接入，通过数据共享门户实现数据的统一共享与交换服务。为了对数据资源的流转与使用进行管控，司法数据中枢通过数据资源可视化视图、数据目录体系的构建，支撑 IT 部门识别数据资源流转异常，随时掌握数据家底并进行监督管控，同时，通过标准化的数据资源鉴权审批电子流程有序管理数据资源的申请、审批和使用。

二、司法智能中枢

司法智能中枢是在司法数据中枢的基础上，对数据中枢提供的经过治理的文件资料、数据信息等进行深度分析的重要过程，是司法业务基于大数据提升业务处理能力的核心方法与手段。司法智能中枢服务于各业务系统，提供全要素数据、业务、人、案、动态数据的宏观与微观分析，构建面向司法业务的数据集、专题库、数据模型、数据算法等各类数据分析与数据推演服务，强化对原始数据的解读能力，为多部门会商提供强化联合的工作平台。

司法智能中枢是指在司法数据中枢的基础上，通过对基础数据服务、共性能力和行业专用能力的开发、重构和封装，形成能够直接服务于业务应用创新的能力服务池。依托这些能力服务池，各条线智慧应用的创新周期将大幅缩短，风险将显著降低，智慧应用项目的总体预算也可以得到显著的缩减。

司法智能中枢提供 3 个层次的能力服务。一是基础数据服务，包括各类数据的查询服务和推送服务；二是通用共性能力服务，包括司法标签体系服务、人物全息画像与查询服务、机构全息画像与查询服务、文本智能搜索引擎服务、智能推荐算法服务、智能调度规则服务、可视化分析引擎服务等；三是专用能力服务，包括公共法律服务风险分析服务、司法行政指标体系服务、重点人员挖掘服务、重点事件挖掘服务、实时碰撞比对服务、案例深度学习模型服务等。

| 第三节 |
智慧司法新能力

近两三年，智慧司法建设快马加鞭。大数据和人工智能等技术强化了司法大脑，赋予了智慧司法更多新能力。

一、让司法数据更流畅

司法大脑首先赋能的是司法数据服务能力，以解决信息协同和智能“优质原料”问题。

以往，法院与监狱之间的减刑假释、监狱与安帮之间的刑满释放、司法局与公检法之间的律师派遣等业务均为线下往来，效率低下，未能实现“数据多跑路、人员少跑腿”；由于数据分散，执行矫治、社会矛盾感知、公证监管等方面无法做到全量数据分析、数据监管与科学决策；在业务工作人员通过市局业务系统录入案件后，各区司法局并不能在第一时间感知到业务信息，当需要编制业务月报、季报时，司法局工作人员需要手动地根据业务系统数据进行统计和填报，且由于数据质量和统计方法等问题，往往与市局的统计结果有所出入。

这些问题皆由数据壁垒造成。上海司法大数据行政实验室建设了上海司法局数据中枢平台，通过在市司法局层面搭建数据共享交换系统、数据资源目录系统与数据治理系统，制定并落实相关标准规范，实现了全市各司法行政业务条线数据资源的互联互通与融合。截至2018年12月，上海司法局数据中枢平台汇聚了80个库、12 390张表、10亿多条数据（见表9-1）。通过提质重构，理清元数据11 000余条，完成公共法律服务数据结构化转换，支持完成一人一档主数据融合；

通过互联互通，纵向贯通部市区，横向互联公检法，跨网融合政务云与互联网，实现按需实时交换，简化了规范且自动化的数据获取电子审批流程。这些底层数据为减刑假释、刑满释放、执行矫治监管、社会矛盾感知、智慧法援等创新应用进行了数据赋能，大大提高了司法体系的在线协同效率与管理决策水平。上海建立了长效机制，初步形成了司法行政信息化建设、数据质量检核、数据共享交换、数据脱敏保护、字典代码等方面的规范。

表 9–1　上海市司法局数据治理阶段成果

数据来源	数据库总量	表数量	总数据
公共法律服务	6	955	46 765 863
戒毒局	27	315	5 813 672
矫正局	3	181	155 743 051
监狱局	24	10 708	705 520 192
司法一体化	1	23	111 315
区司法局	1	156	9 673 950
公安系统	17	42	137 085 661
公检法辅助办案平台	1	10	2 211 885
合计	80	12 390	1 062 925 589

资料来源：上海司法行政大数据实验室。

二、让司法业务更智慧

以司法行政数据资源的产生、治理、共享、开发为中轴线，重构并创新多个智慧司法行政业务系统，为司法行政业务场景赋能。

以法律援助为例，上海智慧法援系统（见图 9–2）基于司法数据中枢给业务带来了创新。一是打通了公检法与司法局之间的在线数据通道，面向刑事案件全覆盖实现了法律援助过程中律师派遣与办案的在线协同，减少了重复录入，大大提升了工作效率。二是打通了公众服务一网通办系统，使得面向困难群体的申请类案件的受理与处理更加便捷，提升了服务公众的触达能力。三是实现了律师办案流程的全程留痕，使得办案质量受到全程监管，提升了案件办理质量的监管能力。四是形成了数据分析决策体系，通过办案指标体系构建、律师画像、机构画像、重大案件（群体案件）预警、律师智能推荐等数据分析挖掘应用，大大提升了科学决策及风险预防的能力。

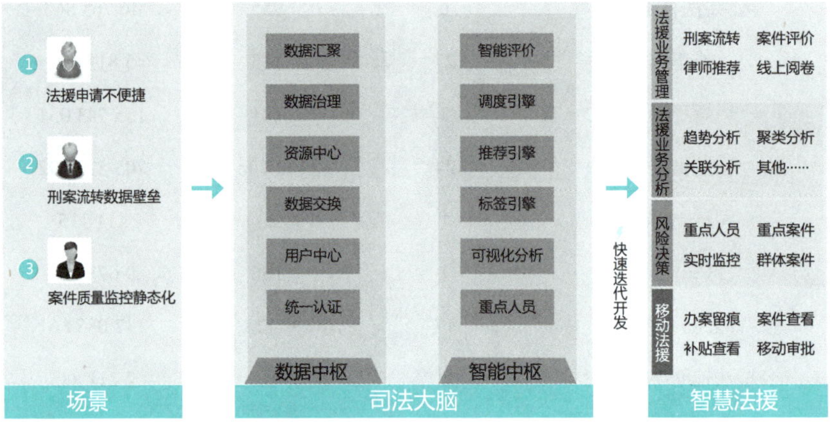

图 9-2　上海智慧法援系统

智慧调解系统还集成了司法智能中枢赋能的智能模块。首先是自然语言智能搜索引擎。面向广大调解员的法案智搜系统辅助调解员快速获得指导性案例或裁判文书作为释法参照，提升了调解员的专业性，从而提升了调解员化解矛盾的能力。该系统还通过重点人员风险助手实现了重点人员预警功能，辅助调解员防控风险。其次是人员、机构画像。该系统通过对人员、机构进行画像分析，对重点案件进行预警，为人员、机构考核和风险跟踪提供了数据化精细管理支撑，服务于中基层司法行政管理部门的精细化管理系统。最后是数据可视化。在服务于高层决策者的社会矛盾感知系统中，整合110转调数据、调解案件数据、村居法律服务数据、法律咨询数据等，实现了全市范围内的矛盾纠纷指标体系、矛盾热点交互可视分析等，为高层决策者提供了直观的依据。

在司法矫正方面，广州市天河区社区矫正智能监管平台①已经完成创设社区服刑人员智能自助报到、生物识别报到、人工智能电话汇报、自助心理评估等功能，建成高清督察和实时监控矩阵，全面实现对社区服刑人员监管的信息化、智能化、自动化和便捷化。比如，在汇报方面，社区服刑人员只需要自动拨打电话热线，监管平台就能自动判别是否是本人，并将通话内容全自动化记录成规范汇报数据，同时以短信提醒功能提醒定期汇报。

在戒毒管理方面，安徽省智慧解毒诊断评估+解治物联网一体化执法平台是规范执法的利器。该平台以“诊断评估”为核心，实现教育、心理、医疗、康复训练、生卫、生产劳动、警察管理等业务的一体化办理，实现“四区五中心”的自动评估、自动转区、科学戒治，实现与统一戒毒基本模式的全面融合。自动评估结合数据自采集、自

---

① 广州市司法局“社区矫正智能监管平台”获得2019年全国政法智能化建设创新案例——“智慧司法十大创新产品”[EB/OL].(2019-07-09). http://www.thnet.gov.cn/thxxw/bmxx/201907/c56149ad453e409c90d21a0197faeec3.shtml.

分析模型，自动输出戒治报告、五档一册、行为画像及移交公安机关的证明材料。

此外，智慧司法行政业务系统还有司法服务机器人、“区块链 + 公证智能化”自助服务终端等高科技赋能的应用产品。

第十章
教育：孕育城市未来

独行快，众行远。共享优质教育资源，努力促进教育均衡化，让每个学生获得公平的教育机会，提高每个学生的综合素质，让教育真正迈向“兼济天下”。

第一节
解码教育焦虑

教育是让每个家庭充满希望和幸福的美好事业。然而，当下也是一个全民教育焦虑的时代。教育消费成为居民消费的十大方面之一，而且子女教育消费在中国家庭消费支出中所占的比重也越来越大。调查显示，在义务教育阶段，我国城市家庭教育支出平均占家庭养育子女费用总额的 76.1%，占家庭经济总收入的 30.1%。[①] 课外辅导市场异常火爆，价格连年上涨（见图 10–1），尤其是 K12 教育市场的火爆程度更是让人惊叹。

---

① 中国市场调研在线 2019 年中国课外辅导市场调研于发展前景预测报告［EB/OL］.（2018–11–19）. https://wenku.baidu.com/view/817dcb86df80d4d8d15abe23482fb4daa58d1de0.html.

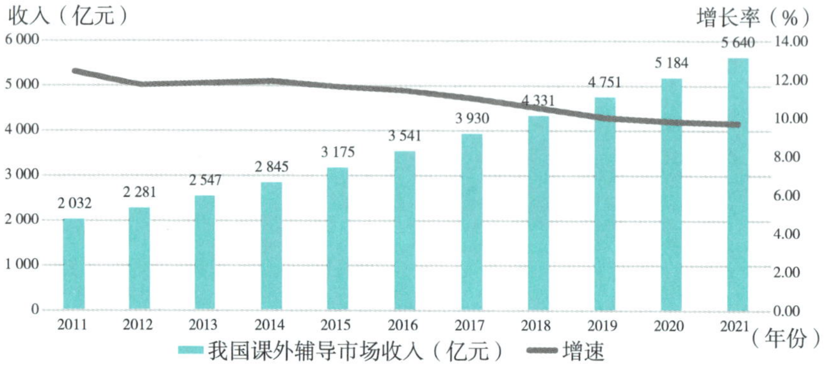

资料来源：前瞻产业研究院。

图 10-1　我国课外辅导市场的收入

尽管如此，家长们还是热烈地讨论为孩子选择什么兴趣班和哪个辅导机构，一家人忙于接送孩子上兴趣班，疲于监督孩子完成各种作业……按理来说，随着近些年教育事业的进步，孩子们已经享受着越来越好的教育环境，为何家长们的焦虑始终没能减轻？根本原因在于，社会竞争更加剧烈，公众对教育有了更高的期待。而且，“凡事要趁早”“不能输在起跑线上”“一切为了下一代”等“箴言警句”也推动着早期教育繁荣发展。然而，由于中国优质教育资源的稀缺和分布极度不均，更多的家长只能为孩子选择课外辅导。

如何才能有效缓解焦虑？教育的主要矛盾不是优质教育资源不足的问题，而是教育资源不均衡的问题。这需要教育系统、学校、家庭、社会的合力配合，协调课程改革、教师培训、家长教育、社会引导等各个环节，呼唤回归更为理性的社会心态，优化教育制度。这些都是长期的需求，而技术的发展则是撬动教育变革的一个支点。借助互联网平台，公立学校的优质教育资源和市场培训机构的优质资源都能通过在线教育和人工智能辅助面向每一个学生平等、个性化开放。目前的教育焦虑和困境也有望缓解和破除。

教育资源的分配既受地区经济发展水平的限制，又受政策的主观影响。现阶段的差距主要体现在地区、城乡与校际上。在贫困的边远地区，仍有部分家长因为财力不足而认识不到教育的重要性，竟让孩子早早地辍学打工。相反，城市校际的教育资源进行“军备竞赛”，教师、家长都倾尽全力奔向重点学校。不均衡甚至不公平的教育差距从一开始就奠定了贫富差距。教育改革在“深水区”的持续攻坚仍任重道远。

近几年，云计算、大数据和人工智能等技术的发展为推进教育资源优化配置提供了技术支持，已引发教育模式、教学手段和方法的显著变化，智慧教育也因此成为风口上的行业之一。虽然很多传统教育巨头早就开始进行线上化和技术化的改造和升级，但目前还没有出现一个可以大范围、高精度赋能的行业化平台。教育资源的开发需要大量的人力、物力和财力，各个平台的教育资源仍有很多相同或相似的课程，行业仍存在恶性竞争且鱼龙混杂。

| 第二节 |
教育大脑新时代

在大数据、人工智能、云计算等互联网技术裹挟各行各业融合发展的背景下，教育也面临着新形势和新挑战，数字化正以日新月异之势改变着教育。智慧教育给传统教育带来了巨大的冲击，是教育创新的重要催化剂。对于文化产业来说，网络正在逐渐渗入人才教育的方方面面。面对智慧教育审视当下，它给人们生产、生活带来的变化可谓是“革命性的”：以教育实体学校为主所进行的传统教育遭到巨大冲击，教育场所由线下转向线上，传统的教学方式被逐渐颠覆，更多的教育理念也在发生变化。教育大脑必将使得教育行业更加数字化、智能化甚至智慧化。

一、教育需要“智慧大脑”

教育进入以学习者为中心的新时代。若你想在智慧教育这个万亿元规模的蓝海市场里乘风破浪，你就需要一个让先进技术与市场需求紧密对接的好的商业模式。智慧教育新时代呼唤“智慧大脑”，它能探索教育变革的多元化路径，构建智慧教育生态圈，助力教育改革，让教育的坑洼之路变成光明坦途。

教育大脑是一种由人工智能、云计算等技术来完成数据分析和应用的类人脑，控制和指导着整个教育的发展。智慧教育是智慧城市的重要组成部分，教育大脑的智慧化程度是判断智慧城市发展水平的重要标志之一。

建设教育大脑（见图 10–2）首先要搭建“大数据平台 + 大资源平台”的数字环境，驱动体系化、碎片化、标签化的资源在平台内共享流转。在覆盖整个区域的资源平台中，依托大数据分析技术，每一层机构、每一个角色都能获益：老师能够因材施教，实现课堂的智能管理，不断优化教学内容；学生能够学己所需，得到合适的发展；课堂教学发生变革，由此转变教育理念；学校能够通过大数据分析和动态评价，实现智慧化管理决策；整个区域的教育资源趋向均衡化。

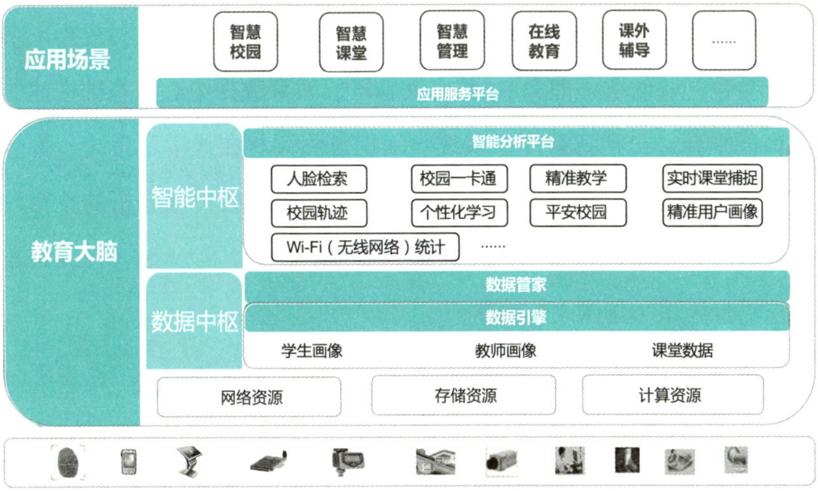

资料来源：银江研究院。

图 10–2　教育大脑理念

教育大脑的真谛就是通过构建技术融合的生态化学习环境和培植人机协同的数据智慧、教学智慧与文化智慧，本着“精准、个性、优化、协同、思维、创造”的原则，让教师能够施展高成效的教学方法，让学生能够获得适宜的个性化学习服务和美好的发展体验，从而培养具有良好的人格品性、较强的行动能力、较好的思维品质、较大的创造潜能的人才。[①]

二、全力打造教育新生态

“坏的教育用一种方法教 50 个学生，好的教育用 50 种方法教一个学生。”“教育大脑”致力于全方位和多维度地为每一个学生打造个性化、定制化的教学方法。

① 祝智庭．智慧教育新发展：环境建设与应用［Z］．2016.

“教育大脑”重新构建了教育生态，闭环式教育生态必将成为未来指导教育行业的重要理念。“教育大脑”以教育数据中心为基础构建的教育云平台，包括智慧课堂系统、知识点测评与在线学习系统、智慧教育管理系统等，再加持云计算和人工智能等高新技术分析的教育数据，形成了完整的教育生态闭环链，涵盖教、学、考、评、管五大教育全场景体系（见图 10–3）。

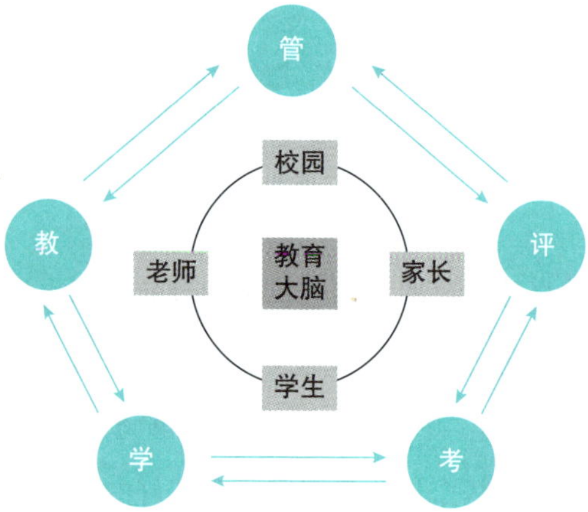

资料来源：银江研究院。

图 10–3　教育全场景体系

（1）教：老师通过部署作业、微课要求学生预习、复习；教学过程中的知识难点和问题汇聚，老师进行有针对性的教学，从而摆脱单向填鸭式的传统教学方式，以学定教。从教学模拟效果来看，“教育大脑”能够实现课前、课中、课后的个性化教学，提升课堂教学效率。

（2）学：以学生为中心的多种形式的互动教学，更好地激发学习兴趣，提升学习的质量，促进有质量的目标的实现。

（3）管：通过智慧校园的信息化建设，可以将收集到的学生课堂行为交由“教育大脑”进行分析，辅助学校和教师进行教学，促进教学效率和教学质量提升。家长能更好地了解孩子在学校的表现，进而进行日常引导，促进孩子健康成长。另外，以信息化引领实现跨地域的教学互动，比如通过云课堂能够整体拉通教学，为教育资源不足的地区提供优质教育保障，促进教育公平均衡发展。

（4）评：通过教务空间为师生互动、家校互动提供便利，使教师、家长、学生都参与到学生的学习管理中，这有利于老师基于学生个体进行精准规划和指导，提升教育质量和服务水平。成长档案能帮助教师、家长全面了解学生的综合成长，并对教学和学生培养进行针对性指导。

（5）考：提供完善的学习记录跟踪和评测系统。学生的阅读、练习、考试等过程信息可以实时反馈给老师，老师可根据记录对学生进行有针对性的教学，真正实现“因人施教”，帮助学生成为最好的自己。

第三节 智慧教育赋能未来

工业时代的规模化教育缺乏个性化和创造性的弊端日益严重，如何培养未来社会所需的人才是当下教育系统需要积极面对的问题。未来教育将朝着信息化、国际化、职业化、法制化和终身化发展，是更加公平和以人为本的教育，是个性化和差异化的教育。

一、优化教育环境

教育大脑首先赋能教育环境的变化，使教育空间拓展为物理空间、资源空间、社区空间，而三空间的无缝整合实现了线上线下学习一体化，支持着教育、教学全过程。以万朋教育和学军中学共同打造的“空中课堂”为例，其是优质教学资源的“放大镜”，打破了教育资源的约束，冲破了时间的限制，解决了空间的障碍，同时让学生可以随时随地地根据自己的需要进行学习。

共享的在线教学资源改变了人们学习的时空观念，使学习不再局限于学校、家庭，也不再局限于某一特定时间，进而使学习者能够随时随地通过信息技术进入数字化虚拟环境中学习。空中课堂是促进教育资源均等化的有效途径，通过线下与线上相结合成为传统课堂的有效补充，发挥了名校名师的辐射带动作用，帮助薄弱学校提高教学质量，使更多偏远地区的学生受益。

每年暑假都有许多初中毕业生即将步入高中的课堂，而初升高的衔接非常重要。学军中学就面向浙江全省的新高一学生开设了暑期空中课堂，通过在线直播的形式进行初高中衔接的学科、学法指导。学生们只要在学军中学“空中课堂”网站注册并报名参加感兴趣的课程，就能在家里和学军中学的名师进行在线互动了。为了保证教学质量，空中课堂的授课老师中有两位浙江省特级教师，其余均为中学高级教师和省教坛新秀。全省高一新生都能享受到学军中学的优质教育资源。

通过在线直播的形式，学生在家里就可以观看老师共享的课件，遇到不懂的问题也可以在交流区用文字或语音和老师、同学交流。为了保证 45 分钟的上课效果，系统会实时监控学生有没有中途“逃课”。当个别学生在上课过程中浏览其他网页或玩游戏时，系统会向相关学生发出弹窗提醒，没有及时改正的学生将被锁屏并短信通知家长。如果有学生在交流区发一些和上课内容无关的八卦消息，系统还会将他禁言。此外，家长还能通过手机端查看孩子是不是在专心上课。虽然这是网络课堂，但学生该守的纪律可是一样都不少。

与传统的教学资源相比，教育大脑的教学资源依托信息技术表现出众多优势。首先，传统教育资源形式单一，而教育大脑教学资源以多元化、多维度的方式呈现，包括文字、图像、声音、动画、视频等。其次，教育大脑教学资源具有开放性和共享性，为教师提供丰富的网络资料库，有助于教师发展个人能力。

二、改善教学模式

教育大脑的发展改变了传统教学中一本书、一支笔、一块黑板的教学媒介和信息呈现方式，教育技术的现代化也使教师的教学方法随之发生变化。在传统的“满堂灌”式教学方法中，学生只是吸收者，学习过程比较机械和被动。如今随着大数据技术的引入，新的教学模式如翻转课堂、混合课堂得到广泛运用，倡导学生进行研讨式学习、实践性学习、小组式学习。教育大脑支持下的学习环境为教学方式的改变提供了有利条件，使得多种教学方法优化组合，有利于教师因材施教，发展学生的个性。

智慧教育利用电脑、iPad（苹果平板电脑）、智能电子书等各类移动终端打破了时空的界限，使得学生的学习不再受时间和地点的限制。教师只有用全新的观念和理论来重新审视和指导教育教学活动的各个领域和环节，并采用全新的模式去组织教学，才能适应信息化时代的创新型人才培养需求。传统的教师点名、走下讲台、学生上黑板的交互模式将朝着更加立体化、丰富化、精确化的方向发展。而现在通过应用智能设备和互联网，教育就可以实现全方位、立体式的交互，实现师生交互、生生交互，真正实现课前、课中、课后、课内、课外、线上、线下的全场景立体交互。[①]结合微课、多媒体、大数据技术的分析及应用，智慧教育助力基于数据的精准教学，真正意义上实现先学后教、以学定教。

在教学情况管理上，基于教育大脑赋能的教学大数据动态监测平台能够分析学生的学习情况（见图 10–4），以可视化的数据形式给老师提供意见，从而帮助老师制定适合每个学生的个性化教学方法。例如，在学军中学的课堂上，学生在学习终端上完成教师布置的课堂习题，并将解题过程和答案回传到教师端，老师就可以在大屏幕上实时同步地了解该学生在学习终端上完成的解题过程并进行讲解，还能利用智能化同步教学平台对学生的学习情况进行数据统计和分析，针对学生在预习和完成作业过程中出现的薄弱环节改进课程设计。

这种基于大数据分析的教学模式还有助于教师根据教学情况分析和预测情况调整教学思路、教学设计以及教学方法，让课堂教学从“预设性教学”向“生成性教学”转变，让课堂教学管理从经验型向数据型、智能型、科学型转变，让教学重点从以课堂和教材为中心向以学生完成教育任务为中心转变，让教学方法从统一教学标准的工厂化模式向基于学生能力的个性化教学转变。

---

① 新媒体教学智慧课堂详解之一，智慧课堂产生背景［EB/OL］.（2019–01–09）. https://baijiahao.baidu.com/s?id=1622150687995692020&wfr=spider&for=pc.

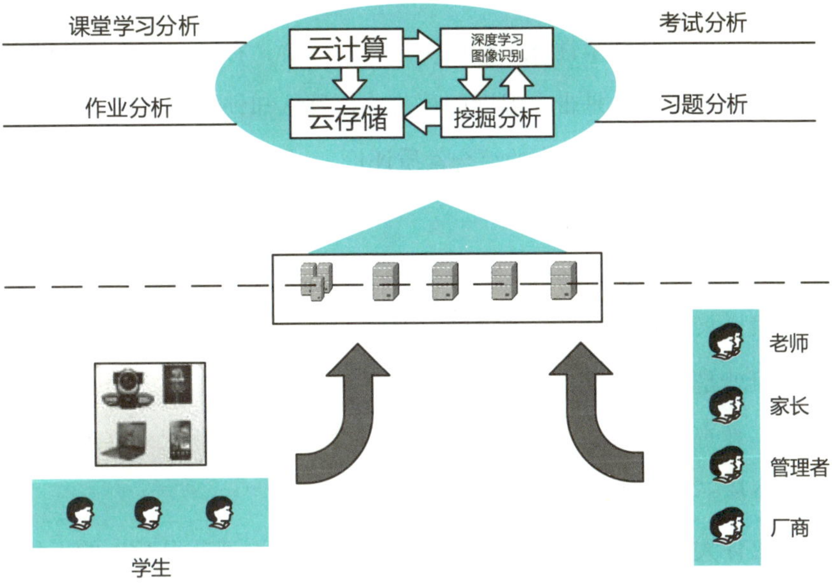

图 10-4　学生学习行为分析

三、转变评价方式

教育大脑改变了传统的评价方式，使学习评价从单一的结果评价向过程与结果相结合、真实性评价与表现性评价相结合的多元化评价转变，从注重学习结果的评价向注重学习过程与学习行为的评价转变。此外，新型学习评价工具（如电子档案袋、学习管理系统）的出现，为学生学习提供了科学、可靠、精准的评价方式。

在大家的传统理念中，分数就是对学生的评价方式。在“分数为王”的机制里，分数是唯一的评价标准。其实，这种评价是一种以偏概全的评价，评价的信息也比较滞后，同时仅仅是在认知层面的评价，是一种结果性的评价。

如今，教育大脑通过大数据分析及应用等技术手段，记录教育教学过程，采集学生的课堂行为、情感数据，实现全过程的动态评价。

这种评价就是从结果性评价转向了过程性评价，在认知评价的基础上实现了情感评价，是带有温度的评价。这种认知评价加情感评价能体现出素质教育改革所推崇的综合素质评价。

四、培养课外兴趣

虽说兴趣是孩子最好的老师，但并不是把孩子带到各种兴趣班和补习班就是培养兴趣。很多家长盲目跟风，却不知道孩子真正的兴趣所在。教育大脑就是要给每个孩子制订合适的个性化课外兴趣计划，让每个孩子都展现光芒。

教育大脑通过大数据和人工智能推荐算法测评获得学生的人格、性格、智力、兴趣点等个人特征，同时推荐相关的兴趣班，或者对学生考虑的兴趣班进行匹配度分析和建议。例如，若发现孩子对数字的敏感度很高，教育大脑就会推荐珠心算、数独等兴趣班。然后在学生通过 App 进行简单的学习和体验后，教育大脑就会通过大数据分析判断孩子是否对这方面感兴趣。（当然，若孩子对某方面有兴趣，教育大脑就会推荐几个和该兴趣相关的领域让孩子进行体验式学习。）最后分析得到的结果是孩子对数学感兴趣。这样就不会因为兴趣给孩子带来繁重的压力，也不会给家长造成巨大的经济负担。

第十一章 体育：激发全民活力

体育是提升国民体质、打造健康体魄的一项固本运动，是一个快速成长且趋近爆发的行业。体育大脑让你想动就动，与青春动，与梦想动。

第一节 让城市“动”起来

现代体育的发展伴随着城市化进程，城市发展也驱动着体育赛事及其产业的消费升级。全民健身、大众体育、体育赛事也成为越来越多城市特有的标签。体育已经成为经济新常态下转型升级的新动能和城市发展的新引擎。

正如卡拉·鲍尔（Karla Baur）在《新闻周刊》中所言：“在工业时代，能获得原材料是城市繁荣的基础，如今这种趋势正在改变。为了促使有头脑和有资本的人士拉动经济增长，一座城市必须用生活方式和文化来吸引他们。”不同于工业时代的城市以资源型城市为荣，今天的城市正在越来越多地依靠体育、文化、艺术等诱因和媒介，以吸引人才流、资本流、技术流和信息流向城市聚集，进而激发城市活力。[①]

伴随移动互联网、大数据、云计算等新一代信息技术的应用，世界的基础结构正在向着“智慧”的方向发展，我们已然进入了智慧城市新时代。智慧体育诞生于智慧城市建设背景下，是智慧城市在体育领域的落地和实践，同时也促进着智慧城市的发展。随着城市大脑的逐渐增强，体育中枢也日益强大，为城市生活和城市经济带来了新动能和新活力。

| 第二节 |
体育大脑在路上

城市体育大脑作为一个新兴概念，脱胎于城市大脑理念，是城市大脑在体育领域的具象化实践，是智慧体育与智慧城市相互融合的最新产物。城市大脑建设是一个系统性工程，需要进行跨部门、跨领域、跨区域的即时数据处理，协调各个职能系统，而体育也是其中重要的一部分。城市体育大脑是城市大脑的一个部分，秉承着城市大脑理念，有着政策、技术、基础设施等多方面的支持，可借鉴城市大脑在其他领域的实践经验，同时助力城市大脑实现。城市体育大脑建设也需要城市子系统的支持，尤其是体育旅游、体育医疗等衍生产业的蓬勃发展。

体育大脑数据中枢类似人脑的记忆库，负责用户、赛事、场馆、产业、政务等体育数据的整合和存储。这些数据来自政府、企业、社

① 韩潇．智慧体育［M］．北京：清华大学出版社，2019.

会团体、运营商、互联网应用及个人，体育大脑数据中枢主要解决超大规模全量多源数据融合以及跨区域、跨层级、跨部门、跨时间的体育运动数据互通共享。

体育大脑智能中枢类似人脑的中枢神经系统，负责数据分析与辅助决策。其通过数据中枢系统汇集的海量数据资源，利用现代人工智能技术洞悉人力难以发现的复杂规律，形成基于机器智能模式的对体育运动发展态势和状态的认知，进而提出超越人类决策局限性的全局最优决策方案。相比人力分析决策，语义分析、统计推理、深度学习、演绎推理、知识表现等方法会对复杂的体育数据进行综合分析，极有可能从庞大的数据基础中挖掘出新的管理与服务规律，提供全新的决策视角，并对未来可能的发展趋势进行合理化预测。

智慧体育应用类似人脑，负责执行智能中枢的决策，落地多个领域，包括智慧赛事、智慧场馆、智慧体育教育等，从而让服务更具科学性，更加充分、有效、合理地发挥各自的价值。同时，应用的落实过程数据也会反馈给体育大脑，接受体育大脑的监控，这样当出现严重偏差或突发状况时就能进行及时有效的应急处理。这样闭环运作，推动整个智慧体育系统不断进行自我优化。

第三节
2022 年亚运之光

在城市大脑建设工作上，杭州这座城市承受着人们太多期待，它也从未让人失望过。G20 峰会之后，亚运会成了全城的主题，除了地铁和场馆这些硬建设，智能这项软建设也被列在清单前列。

一、兑现亚运会承诺

2018年，在雅加达这座美丽的东南亚城市，苏炳添犹如一道闪电，打破了亚运会男子百米纪录，在亚运会史册上留下了一抹绚丽的“中国红”。2022年，亚运之光将第三次降临中国，继北京、广州后来到西子湖畔的杭州。而在杭州举办亚运会的同年，前有北京冬奥会，后有卡塔尔世界杯，亚奥理事会主席艾哈迈德亲王对杭州期望颇高，希望亚运会能在两大顶级赛事的“夹击”中站稳脚跟，打上鲜明的亚洲印记。他说：“要做到这一点，杭州亚运会就必须保有亚洲特色，保持相当水准，并推出亮眼主题。我想，实现‘智慧亚运’将是杭州的最大挑战，它们也将因此开启一个新时代。”

“绿色、智能、节俭、文明”是杭州对2022年亚运会的承诺，其中“智能”将是一大重点。根据《杭州城市数据大脑规划》，杭州将依托城市数据大脑，根据亚运会的相关内容和需求，利用人工智能、大数据、物联网、虚拟现实、增强现实、5G通信、北斗差分毫米定位等信息技术，建设统一、高效、安全的智慧亚运体系，实现对前期筹备、赛前运行、赛时组织、赛后转型的智能化管理和应用。

依托城市数据大脑，杭州还将融合各类亚运信息系统和数据，建立智慧亚运主运行中心，实现对各类场馆、各类赛事活动和参会人员统一高效的指挥、管理和综合应急保障。亚运会期间人们的出行、住宿、餐饮、支付等服务保障体系，也将受益于杭州城市大脑的各子系统。尽管体育大脑目前还处在理论和实践探索阶段，但其落地成果将逐步走入大众的视野。

二、当 5G 邂逅智能亚运

在 2018 年平昌冬奥会上，5G 技术首次在体育赛事中亮相，5G 终端设备提供的全新视角的转播效果让全球观众为之震撼。2022 年杭州亚运会将大规模应用 5G 技术[①]，同时将人工智能、物联网、云计算、大数据、边缘计算等新信息技术与亚运会深度融合，在沟通、观赛、出行、物联、安全等方面提供各项智慧管理服务，将杭州亚运会打造成一场高科技赋能的顶级赛事，展现“智能亚运”的全新风采。

2019 年 7 月 11 日，杭州亚组委与中国电信、中国移动正式签署了协议，中国电信、中国移动将联合成为杭州亚运会官方通信服务合作伙伴，谋篇布局 5G 通信服务。5G 技术将体现在亚运会的方方面面。

在赛事直播上，观众们可以通过 5G+VR（虚拟现实）观赛系统享受到 360 度沉浸式直播，在场外或家中也如同身处赛场中心一般；分辨率高达 7 680 × 4 320 的 8K 高清直播和全息投影直播则会将比赛现场全方位地展现。

在亚运人工智能中心，将设置综合指挥调度中心，实现智能管理；通过物联网、人工智能技术打造亚运智能办公大楼；利用视频监控、大数据分析技术分等级建设一体化智能安防体系；结合 5G 无人机巡航、4K 高清摄像头、AR（增强现实）人脸识别构建智能警务，提升亚运警务精细化水平；运用物联网的优势，实现场馆设施运营监控和空气、地下水位监测等智能感知与监控。

在全智能保障方面，将利用 5G 智能感应切实提升火灾防控水平，

① 新华网．杭州亚运会将大规模应用 5G 技术［EB/OL］.（2019–07–12）. http://www.xinhuanet.com/expo/2019-07/12/c_1210192353.htm.

消防机器人可先行侦察扑救火灾现场；依托5G技术，建设亚运会5G远程急救中心，实现医患“零距离”；在5G技术的支持下，智能安检利用最先进的人体3D生物识别技术自动识别人群，检测违禁物品；配置赛事智能提醒、智能裁判、智能机器人，全面升级参赛体验，让赛事更加精彩。

三、智能场馆科技升级

体育中心是一座城市的体育运动的核心，是城市律动之地，也是餐饮娱乐的带动之源。场馆的智慧化程度直接影响着整个赛事的运营与服务。作为杭州亚运会的主场馆，奥体中心通过合理、专业化的系统设计，使体育场馆能够顺畅地承办各种等级的体育赛事，并满足相应的经营服务功能，具有成熟、稳定、实用的特点。

智慧体育场馆的应用系统既能满足用户的多样化需求（见表11–1），也能为场馆系统管理提供便利，包括体育场馆经营管理系统、VR实景系统、自助售票系统、客流识别系统、智能闸机系统、智能门禁系统、空场提醒系统等。

体育大脑还将城市场馆与各健身场所的资源链接，为百姓提供便捷的健身服务，为管理部门提供全城实时、可靠的全民健身情况。青岛城阳区体育数据监控中心平台是全国首个全民健身信息化平台。该平台整合了场馆、教练、赛事活动等体育资源，主要支持场馆管理、教练管理、赛事管理、社团组织管理、视频监控、健康档案及数据报告等功能（见图11–1）。这不仅为老百姓提供了服务，也为城阳区的体育发展提供了数据参考。

表 11-1　智慧体育场馆的主要应用系统

应用系统	主要功能
体育场馆经营管理系统	承担了场地预订系统设置、门票售卖、会员管理、财务统计、库存管理等场馆日常运营所需的各项功能
客流识别系统	对客流量进行实时统计，对客流年龄、性别、身份等信息进行智能抓取，汇总客流各项数据等
安防系统	通过视频分析、刷卡感应、人脸识别、指纹识别对出入口通道进行用户权限识别与确认，以及轨迹查询
志愿者系统	志愿者信息管理、赛事前中后任务管理、人员管理等

资料来源：银江研究院内部资料。

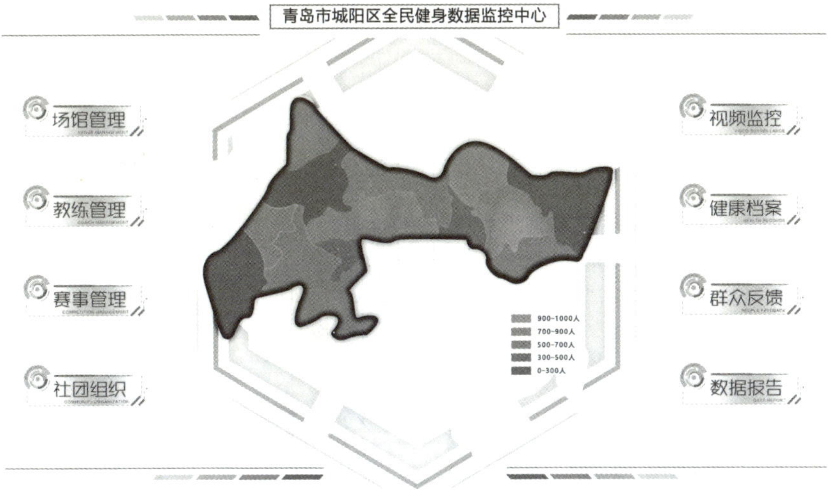

图 11-1　青岛城阳区全民健身数据监控中心平台

“城阳模式”被认为是将全民健身计划从战略高度落地实际建设的领先探索，为国家体育总局最终形成科学健身示范区建设方案、标准和管理办法提供了技术支撑和理论依据。该案例在 2018 年全国群众体育工作现场推进会上成为现场组织学习的重要内容，其效果获得了一致肯定。

四、赛事大脑尽显智慧

体育赛事因竞技运动赛事的激烈性、赛事结果的不可预知性、参赛选手顽强拼搏的体育精神及感染力而受到观众的青睐和高度关注。如何让赛事有序进行，让现场和在线观众都获得极致的体验是体育大脑思考的重要内容。

大型赛事管理系统（见图 11–2）是体育大脑的核心应用。赛事活动由竞赛管理者和运动员、裁判员、观众、志愿者、新闻媒体等主体共同参加，主要包括竞赛规程、报到、注册、住宿、训练、比赛、计

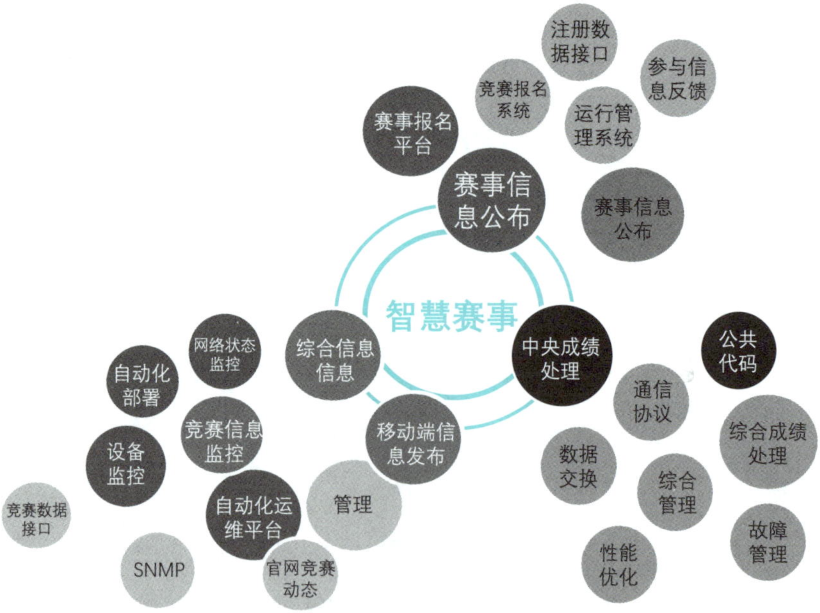

图 11–2　智慧赛事系统

分、颁奖和新闻发布等环节。在赛事上，体育大脑通过跨部门、跨领域、跨区域的即时数据处理和数据融合，有序协调参与者和各个环节，执行和按需求临时调整竞赛秩序，及时统计和通报竞赛成绩。

在赛事中，观众是最广大的参与者。结合 5G、VR 技术的应用，体育大脑能够为观众提供实时的在线直播。观众不仅可以多点位 360 度观看赛事，还能以最佳角度观看自己喜爱的选手的比赛风采。

| 第四节 |
全民运动“热”

全民健身突出表现为大众开始日趋广泛地参与健身运动，形成了人人参与、人人健身、人人快乐、人人健康、人人幸福的良好氛围。由此，小众运动开始走向大众，趋于普及化；而大众运动在专业性、定制化等方面也有所提升，趋于科学化。面向更多用户的更为科学的全民运动“热”开始兴起。

一、马拉松“热”：小众运动普及化

马拉松作为一项高负荷、高强度、长距离、强挑战的运动，受众较为狭窄，对参与者的要求较高。专业马拉松比赛甚至一度是单调、枯燥、乏味的代名词，长期以来颇受冷落。

近年来，马拉松已成为全民健身领域的一种“现象级”新时尚，赛事数量与参赛人数不断攀升。中国田径协会官方网站数据显示，2011 年中国举办的马拉松赛事仅有 22 场，到 2016 年便已达到 328 场，增长率高达 1 391%；参赛人数达到 280 万人，是 2011 年的 7 倍。

马拉松赛事的质量也不断飞跃，运动的安全性和趣味性均有所提升。在挑战性相对较强的全程马拉松的基础上，拓展出半程马拉松项目，以及迷你马拉松、亲子马拉松、情侣马拉松等融入更多娱乐因素的特色项目，吸引越来越多的“跑迷”。日本还有色彩马拉松、泡泡马拉松、味觉马拉松。

在技术上进行革新，保障马拉松运动的安全、高效和便捷开展，防止超负荷运动可能造成的猝死等恶性事件发生。例如，应用运动手环、运动App等工具记录参与者的运动行程及运动过程中的身体状况；利用综合气温、湿度、太阳辐射、风多指标的WBGT（湿球型地球温度）检测法，测试天气状态与运动的匹配程度，及时规避不利天气对马拉松赛事的安全可能造成的影响。

二、广场舞“热”：大众运动科学化

广场舞作为一项集健身、娱乐、休闲为一体的体育运动，动作简单易学且风格多样，对舞蹈基础、场地器材等要求不高，并且没有年龄、性别、民族的限制，参与者可以随时随地融入其中，因而拥有广泛的群众基础，迅速成为最受欢迎的大众运动项目之一。

然而，广场舞的迅速发展也带来了噪声扰民等问题，引发了一系列纠纷。广场舞的发展过程主要存在噪声影响与管理矛盾、场地狭小与需求膨胀矛盾、素质与法规缺位矛盾等多重矛盾，归根结底还是缺乏运动科学指导。智慧全民健身可以对这些不成熟的大众运动形式进行支持、引导、规范，使其走上科学发展之路。

在解决这个由广场舞热引发的问题时，体育大脑需要思考的是健身设施的科学布局、智能健身设施的使用、科学健身的指导和交流等。

以广场舞为例，体育大脑应引导其走向专门的社区体育中心及运动场馆，或者在社区定向推广蓝牙耳机，采用 AR 技术提供身临其境的舞蹈指导。

三、移动健身：城市自由运动场

搭载运动识别芯片的智能手机和智能穿戴设备早已深入人们的生活。每天晒自己的微信步数、跑步路线图、运动数据已经成为年轻人和中年人的“打卡”式操作。随着健身房倒闭潮的出现以及浩沙系列在资本市场的崩盘，Keep（自由运动场）、Feel（健身软件）、Try（移动健身）、咕咚、悦跑圈等第三方运动 App 奔涌向前。据艾瑞指数的数据显示，2019 年 5 月 Keep 的 MAU（Mini 黄金延期交收合约）为 1 827 万，咕咚的 MAU 为 563 万。健身 App 用户增长的核心优势是，在全民健身时代满足了传统健身房无法满足的“性价比”需求，还突破了时间限制。

健身行业正在飞速变革与发展当中，运动 App 也在繁荣发展。其中诞生于 2015 年 2 月的“移动健身教练”Keep 是一匹黑马，迅速打开了年轻小白健身市场。截至 2019 年 6 月，它已经疯狂圈住 1.85 亿用户，一跃登上行业第一。它的核心秘诀就是捕捉年轻用户对消费升级的强烈追求。80 后、90 后一代不只满足于锻炼身体，80 后更重视塑身修形效果，90 后则把健身当作社交。

Keep 还抓住了“她经济”，能够根据预先输入的用户基础信息个性化推荐最适合的教程。移动健康助手解决了用户的不同健康目标，通过减肥、健身、跑步、护肤美颜、兴趣爱好、生活习惯等不同打卡分类，帮助用户追求健康身体，同时糅合了各维度数据记录与达人教练的专业指导，让多种类型的训练以简单的打卡形式完成。而 Keep 社区也为健身社交打通了壁垒，可以让更多人在平台上分享和交流健身心得。通过整合健身教学、跑步、骑行、社交甚至装备购买的功能，Keep 形成了完整的闭环生态，甚至已经远超“线上健身房”所能承载的场景价值。

随着智能硬件时代的到来，Keep 革新自身与用户之间的体验纽带。2018 年，Keep 开始从线上走向线下，分别围绕城市和家庭场景推出了城市运动空间 Keepland 和 KeepKit 跑步机。Keepland 带有更多线上的色彩，利用内置的显示屏进行课程指导和数据展示。用户到达训练场地后需要佩戴手环和扫码签到，这时屏幕上就会实时显示用户的卡路里消耗数据。运动过后，用户也可以在 App 上查看详细的数据情况。KeepKit 跑步机则用来连接运动与家庭场景，目的是重塑家庭运动体验，以家庭为单位捕获用户。2019 年，Keep 又全新推出智能硬件新品 Keep 智能运动手环、Keep 健走机以及 KeepLite 轻食，用内容和数据驱动城市、家庭运动消费，打造“吃、穿、用、练”多场景运动消费，建立更加完整的运动科技闭环，成功定义了新一代健身模式。[①]

---

① 网易 . Keep 深耕家庭、城市场景，围绕“吃、穿、用、练”打造运动价值链［EB/OL］.（2019–04–26）. http://dy.163.com/v2/article/detail/EDMQDLRS053908Q6.html.

第十二章 旅游：吸引世界目光

旅游已成为人们生活的必需品，出境游成为生活的调味品。处处是景，步步可游，旅游大脑打包你的吃住行游购娱，让你流连忘返。

第一节 莫让旅途变“囧途”

随着人们生活水平的不断提高，居民的消费信心持续增强，催生出更为强烈的文娱、服务性消费需求。越来越多的人选择在假期或工作之余出去旅游，看看外面的世界，放松自己的心情。居民消费层次不断提升，国内旅游人数和旅游收入均保持着两位数的增长速度，国内旅游市场持续高速增长（见图 12-1）。

2018 年，国内实现旅游总收入 5.97 万亿元，同比增长 10.5%；全国旅游业对 GDP 的综合贡献约为 9.94 万亿元，占 GDP 总量的 11.04%；旅游直接和间接就业 7 991 万人，占全国就业总人口的 10.29%。移动端成为旅游的重要销售渠道。TalkingData 移动数据中心研究报告指出，2018 年移动旅游用户规模已经达到了 6.2 亿人，移动旅游用户渗透率为 42.6%。

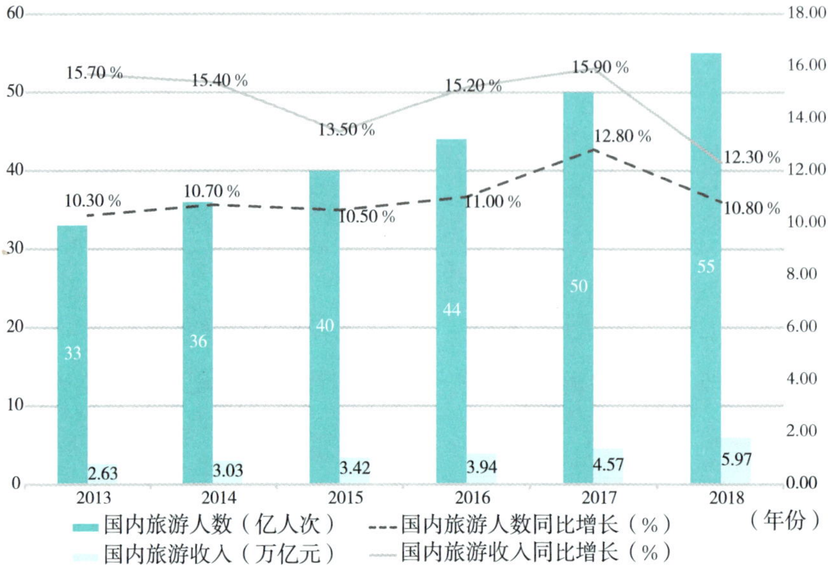

资料来源：银江研究院根据中华人民共和国文化和旅游部公开数据整理。

图 12-1　2013—2018 年国内旅游人数和收入

人们持续高涨的出游热情在给热门景区带来人气的同时也增添了不少压力。每逢小长假，人们怀揣着对“诗和远方”的向往走出家门，却频频遭遇“不去可惜，去了生气”的体验，“真不如在家里看两集肥皂剧”之类的吐槽也随即刷屏。景点周边交通秩序混乱，停车一位难求，餐馆排队上千号，各地开启“人从众”模式的新闻此起彼伏。“路上两小时，看景 5 分钟，上厕所排队半小时”成了假期旅游的常态。旅游本应是一个放松和愉快的过程，人们却常常遇到一些闹心的事情，导致旅途变“囧途”。

这些事情首先暴露出了一些地方在旅游管理上的不足，特别是在应对长假旅游高峰时存在配套设施和公共服务短板，其次表明了当下旅游市场信息服务供给的不足。而随着 80 后、90 后等年青一代逐渐成为消费市场的主力军，旅游消费也正在加速升级。年青一代的消费观念具有跨代际的影响和带动作用，出行方式越来越个性化、自助化、网络化。游客对高品质旅游产品的需求不断扩大，迫切需要市场提供多元化、个性化的选择，让旅途不再变成“囧途”。

第二节 旅游新时代

旅游消费升级最重要的方向就是多元化、个性化、便捷化，简而言之，就是要让游客方便地获得能够很好地满足自身需求的旅游服务和体验。因此，旅游消费升级一方面需要升级和丰富现有的旅游产品，另一方面需要做好旅游资源与游客需求的匹配及服务。

一、“一机游”逐渐兴起

去北京爬长城，去云南游丽江，去西藏看布达拉宫，去黑龙江观冰雕，去杭州赏西湖……人们在制订旅游计划的时候，总是很容易被网上的各种旅游攻略弄得眼花缭乱，犯起选择困难症。即使有着精心制订的计划，人们也总是在旅途中质疑选择，在归来时觉得不值。以热门旅游地七彩云南为例，在全国旅游市场投诉量下降的情况下，云南投诉量却逐年上升，2014—2016 年均居全国榜首。负面消息不断、旅游冲突事件频频发生，使得云南旅游市场陷入困境。在多次整改却收效甚微的情况下，2017 年 3 月，云南决定以“一部手机游云南”为抓手，整治市场乱象，推动产业转型升级。2018 年 10 月，“一部手机游云南”正式上线，开启了全国跨入全域智慧旅游时代的新纪元。

“一部手机游云南”融合了目前互联网及信息领域的大部分先进技术，包括深度智能搜索、多终端融合、异构大数据，以及VR、AR和基于人工智能的智能识物、个性化智能推荐、个人助理等，目的是让游客用一部手机就可以享受到在云南旅游的吃、住、行、游、购、娱、养等全方位的智能服务。云南还通过诚信体系、投诉平台的建设，让游客全流程省心、安心、放心，为全面实现“数字云南”提供技术保障。

在旅游前，游客可通过VR看云南、全景直播等平台功能提前熟悉景点情况和智能规划旅游线路。智能客服还会围绕精品线路为游客提供一站式咨询服务。

在旅游中，游客可通过扫码和人脸识别直接入住酒店。在游览时，平台将为游客推送最准确的目的地线路及导航服务，游客不仅可以通过扫码乘坐公交和景区直通车，而且在进景区时还可以通过扫描二维码实现30秒购票，并通过人脸识别系统进入景区，实现1秒钟“刷脸”入园，告别之前排队拥挤、购票难、等待时间长的状况。同时，游客可以通过小程序享受智能查找停车位、找厕所以及智能语音讲解等服务。在看到喜欢的特产时，游客也能直接扫码支付并通过手机快递回家，平台对游客所购买的商品全面承诺质量保障及投诉处理。游客在旅行过程中遇到任何问题，都能通过手机平台及时向政府相关部门寻求帮助。

在旅游后，游客依然可以享受购物、申请电子发票、投诉、信用评价、无条件退款等服务，在得到诚信体系保障的同时尽情分享自己在云南的美好感受。[①]

“一部手机游云南”已经成为全国“最大的景区实时直播平台”、“景区地理信息最全的平台”、“提供景区导游导览服务最多的平台”和“旅游投诉处置最快的平台”。2018 年，全国旅游投诉平台受理云南投诉 780 件，同比下降 53%，从全国的第 6 位下降到第 21 位；云南接待海内外游客人次、旅游总收入分别同比上涨 20% 以上。[②] 彩云之南终于不负期待，恢复了昔日的迷人光彩。这人间的春色让人流连且回味无穷，比如丽江古城的柔软、香格里拉的宁静、大理的风花雪月……

“一部手机游云南”帮助游客制订适合自己的定制化旅行计划，解决了旅游供需的差距，取得了良好的效果。在数字经济背景下，移动旅游的后 App 时代“一部手机游”，推进全域数字化旅游体系建设，创新旅游服务、旅游管理、旅游营销和体验，是对数字文旅的未来发展有着良好借鉴意义的重大改革。

很多旅游目的地也推出了本地的“一机游”项目，比如“一部手机游甘肃”“一部手机游乌鲁木齐”“一部手机游武隆”等。据不完全统计，截至 2019 年 2 月底，全国已经有 11 个地方和政府明确发文规划或启动了“一机游”项目。[③]

二、隐形的旅游大脑

“一机游”需要各省市、各部门和相关旅游企业的协作，将互联网和旅游有机结合，实现网络实时互动和多方信息的整合，全面覆盖

① 山西晚报 . 一部手机游云南打造全域旅游智慧平台［N］. 山西晚报，2018-03-06.

② 资料来源：游云南、腾讯文旅 & 南开大学发布的《2018 游云南大数据报告》。

③ 人民日报 .“一机游”如何成为数字文旅时代的“香饽饽”？［N］. 人民日报，2019-03-06.

游前、游中、游后的各项需求。其创新背后是隐形的旅游大脑在支撑，即一个以大数据、人工智能为驱动的全域旅游超级大脑（见图 12-2）。

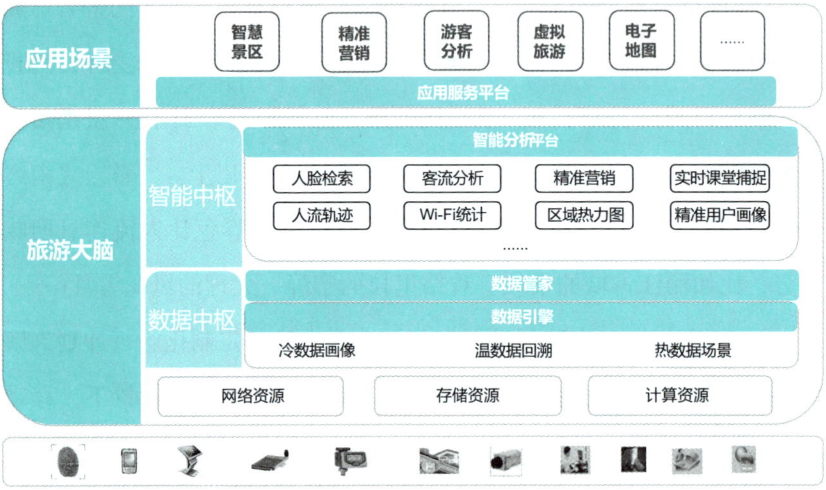

资料来源：银江研究院内部资料。

图 12-2　旅游大脑总体框架

旅游大脑是借助大数据、云计算、人工智能、VR 等技术，对旅游目的地进行全局实时监控和分析，并基于游客画像自动匹配旅游资源，推动旅游业态与产品的迭代，帮助旅游目的地进行数据营销，帮助游客提升旅游体验，全周期助力全域旅游。

旅游大脑的基础组成部分是旅游数据中枢。旅游数据中枢连通了全产业链数据，跨部门整合旅游资源数据、用户数据、LBS（基于位置服务）位置数据、支付数据等多源、多类型数据，为数据分析和智能处理奠定了扎实的基础，是实现智慧旅游的基础条件。

旅游大脑的核心组成部分是旅游智能中枢，具备分析和决策功能。旅游智能中枢汇集了大量的算法、模型、工具，比如游客画像分析、景区画像分析、游客轨迹分析、经营状况分析、旅游推荐等。通过可视化工具，它能够形象地展现数据处理的结果，便于决策。旅游智能中枢还能生成推荐方案，为游客、旅游部门、景区、酒店等提供参考。

旅游大脑最终服务于智慧旅游场景，应用于旅游目的地管理、IP（知识产权）营销、IP 产品及服务等各个方面。智慧旅游朝着在线化、数字化、智能化和服务升级的方向发展，旅游管理、旅游运营和旅游消费等都发生了巨大变化。对于游客来说，智慧旅游注重游客的需要和感受，通过互动、实时的多样化服务方式，让游客全程享受无差别的信息化服务。在旅游行业服务能力方面，旅游大脑帮助旅游行业保证业务规范，通过产品溯源等信息化手段保障旅游产品质量；通过精准营销、投诉快速反馈机制、服务满意度网络评价等方式保证旅游服务水平；通过差异化竞争关注用户体验以发掘自身特长，不断开展产品和服务模式创新以提升游客吸引力。对于旅游管理部门来说，旅游大脑通过建立各级旅游政务管理平台，可以实现旅游信息高度汇总整合和问题智能分析辅助决策；可以创建良好的旅游监督环境，给公众开放更多旅游管理展示和评价窗口，增强旅游管理透明度；可以全局掌握旅游业发展情况，促进旅游产业更加高效、智能、快速发展。

第三节
全域旅游新生态

我们不仅要从空间，更需要从产业角度来认识和理解全域旅游。全域旅游的核心不在于空间上的各种“全”，更重要的意义在于要从封闭的旅游自循环向开放的“旅游+”融合发展方式转变，改变以单一旅游形态为主导的旅游产业结构，构建以旅游为平台的复合型旅游产业结构，推动旅游产业由“小旅游”向“大旅游”转型。

一、让“吃”更地道

秉承着让每个游客都能吃得更好、更加地道的想法，旅游大脑在“吃”这方面下足了功夫。旅游大脑利用各种餐饮系统拥有的领先市场位置，继续使用技术和创新来赋予传统产业活力，从而深刻发现真正适合游客的餐饮服务。

吃得地道是所有游客的需求，因此旅游大脑的终极目标是希望消费者吃得好一点儿：不仅在广度上涵盖亿万人的需求，也致力于长久地帮助大家吃得更美味、更便捷、更健康。因此，餐饮是旅游的重中之重，旅游大脑将做深做透“吃”。餐饮行业的小商家比较多，它们在新科技、新工具的使用上相对落后，旅游大脑需要让这部分商家的门店数据化，推进它们主动数据化。例如，云南有 4 000 个餐厅，对作为一个游客的我来说，符合我的口味和支付能力的餐厅真的非常多，所以我很难选择。由于过去没有商家数据，游客很难用数据化的方法知道点评和口味选择，很容易匹配错误，最终导致没能选到地道的饭馆。但是，数据化的餐饮行业将会变得透明，所有游客和消费者都会对饭店进行点评和评分，因此食物地不地道一目了然，根本不会存在虚假宣传，游客可以放心地吃到地道的地方美食。

二、让“住”更舒心

旅游的另一件大事就是住了。游客白天在景点游玩了一天，晚上就需要一个安静舒适的地方休息，所以旅游时如何选择酒店也是一件很重要的事情。现在最新最热的当属无人酒店，游客既可以安心的休息，又可以享受高科技给人带来的便利。

无人酒店首先就让人感受到浓浓的科技感，因为所有的接待事情都是由机器人完成的。一个高度不到 1 米的机器人就是酒店的前台，它会完成迎宾工作。你在线上预订好房间后，这个小小的机器人将会通过人脸识别来确认你的身份，确认身份后它将迅速地带领你去预订的房间。无人酒店并不是说一定要机器人带领才能够去其他区域，在那里全部是通过刷脸开门，比如在你到达电梯后，电梯会根据重力等方式感应并通过刷脸来判断客人的意图，再调到相应的楼层。之前那个小小的机器人一般会带领客人直到房间门口，当你来到你所预订的房间门口后，门上的智能系统会自动开始识别你的身份，并判断你是否是入住该房间的人；如果是，门则会自动开启。在入住后，你会发现以前出现在电影中的科幻场景展现在了你的面前。你一进入房间，所有的智能电器将会进入欢迎状态，随时等候你下达命令。在无人酒店的房间里，你甚至可以躺在床上不用动就能操控所有的智能电器。因为该房间有一个由智能语音互动的音响，比如你想要打开电视，你就只需要对它下达指令即可，所以在这个房间里你完全可以躺着一动不动地来操控整个房间。这样游客既可以有私密空间进行休息，也可以体验科技带来的便捷与新奇。

三、让“行”更便捷

现在自驾旅游的人越来越多，找停车场就成为一个令人非常头疼的问题。但在有了旅游大脑之后，这个问题就可以迎刃而解，比如搜索停车场的功能，只要手机上显示某地方的停车场还有空余的停车位，游客就可以按照导航去这个停车场。在大理古城，目前已建成4个这样的智慧停车场，游客可以在“一部手机游云南”上24小时实时查看停车余位并查询导航。

大家在自驾游的时候一般都会提前做好方案和攻略，但是依据的所有信息都是源于网络和“道听途说”，真实性和实时性大打折扣。现在旅游大脑结合景区和直播技术，让大家可以直观地感受景区的情况，这比图片更加有说服力，游客也就不会被那些所谓的美图欺骗了双眼。另外，有了直播技术之后，游客的行程也会变得更加合理。例如，游客今天本打算去西湖游玩，但是通过旅游大脑的直播技术提前发现断桥上人很多，并不适合当天游玩，所以就可以临时变更自己的行程，从而节省时间，避免败兴而归。作为最大的景区实时直播平台，“一部手机游云南”的用户通过覆盖全省95%的A级景区的“游云南”App 1 400路直播流观看直播462万次。

景区旅游还存在另外一个令人十分头疼的事情。正所谓人有三急，在国庆等假期人满为患的时候，这个问题就愈发棘手了。尤其是去游乐场景区的时候，排队等待项目的时间非常长，再加上园区又非常大，人还很多，所以有时候游客找厕所就会变得非常困难。但是，现在有了旅游大脑加持的“一机游”，这一切都会变得容易很多。首先，旅游大脑会根据之前的旅游热力图等信息，在游客分布比较多的地方提前建设厕所；其次，游客在景区中可以通过定位厕所，然后根据地图的指引找到厕所。

四、让“游”更自由

如果现在旅游检票还要排队，那就 out（落伍）了。旅游大脑支持景区门票线上购买，买完门票后直接点击录入照片，当你进入景区时，你就可以一秒“刷脸入园”。刷脸入园后，你只需打开语音导览功能，就好比请到一位免费的且无所不知的专业导游，整个景区的手绘地图及实时导航与海量景区景点知识尽在掌中，真正做到“一机在手，全程无忧”。同时，旅游大脑还能为游客提供详细的旅游行程安排，基于庞大的旅游目的地信息库、旅游企业和产品信息库，依据用户特征（包括个人偏好、特征和需求）、市场热点、旅游产品的数据挖掘和分类结果，采用智能检索和匹配技术，并根据用户目的地、时间、预算等条件，产生满足用户要求的旅游行程规划并支持一键导出行程单，方便随时查看。

在玉溪通海秀山历史文化公园，第一次到通海游玩的罗先生体验了一下“一部手机游云南”的功能：在线购买了门票并通过简单的设置把自己的面容信息录入了平台，这样罗先生通过检票口时就不需要拿出票和手机，直接看一眼闸机的摄像头就能顺利进入景区。在游览的途中，“一部手机游云南”帮助罗先生和其他游客规划了线路，逐一讲解了秀山各景点的历史典故和文化，就好比每个人都有一个私人的导游，能享受到定制化的服务。甚至连上厕所的问题也一并搞定，罗先生通过手机就能知道最近的厕所在哪里，里面有几个空位，免去了一些不必要的麻烦。

在景区遇到喜欢的知识点或不认识的植物时，你还可以通过“一部手机游云南”的“AI 识你所见”功能轻松搞定。如果你逛累了，那么你还可以找个地方坐着休息，然后用手机观看其他景区的活动实况直播，即便没有亲自去到现场，但精彩的内容同样能尽收眼底。在景区游玩累了，你还可以通过“一部手机游云南”叫来景区观光车，景区观光车会根据GPS（全球定位系统）定位找到你，这样你就可以既轻松又愉快地欣赏风景了。

在旅游的过程中，如果有意见和建议需要反馈怎么办呢？只需通过“一部手机游云南”的投诉功能，就能在线将意见和建议提交并实时传回旅游市场监管综合调度指挥中心，再由指挥中心按投诉内容分派到各相关部门进行处理。

五、让“购”更贴心

旅游购物作为旅游业吃、住、行、游、购、娱六大要素之一，对促进旅游经济效益发挥、推动旅游目的地发展具有重要的意义。简单来说，旅游购物就是发生在旅游过程中的购物行为，是旅游与购物的一种综合行为。旅游购物是旅游过程中不可缺少的一个重要环节，在包含了购物本身的同时也包含了因购物活动而产生的其他活动，比如在商场品尝当地特色食物，参观土特产加工等。这种活动本身不仅能吸引游客，而且让游客对当地风俗习惯有了更深的了解。

旅游购物是一个复杂的活动，它不仅包含购买行为本身，同时也是一个重要的旅游吸引因素，是加深游客对旅游目的地了解的一个重要渠道。无论购买什么东西，无论产品质量如何，购物过程本身就是一种“体验”。从本质上说，旅游购物是一种休闲体验活动。在发展旅游的过程中，旅游地应着眼于为游客塑造美好的购物体验，提高游客的购物体验效用，以提供难忘的旅游经历为目标，以文化内涵为灵魂，提高游客购物的附加价值，不断提高旅游购物吸引力，使旅游者获得难忘且独特的购物经历和购物体验。

购物环境的好坏会对游客的购物体验产生一定的影响。优良的购物环境会为游客提供完成消费活动的舒适、卫生、安全的空间，更易激发游客的购买欲望，满足游客的购物需求。同时，优良的购物环境还能为游客提供舒适、便捷及尊贵的感受，提升游客购物的体验度。目前，旅游者身处琳琅满目的商品购物中心时，如何从众多的商品中挑选自己的心仪商品，从而获得最大的体验效用，成为一个难题。

随着触控技术、RFID（无线射频识别）等信息技术在零售营销领域的应用，基于物联网的智能购物环境被构建，其将物联网技术应用于商品展示、介绍、销售、物流配送等业务全过程。这将有助于商家最大程度地发挥智慧购物设施的效能，提高货架的利用率，加强产品安全管理，改善数据采集并获得精确数据。对于旅游者而言，这可以减少寻找商品时间、缩短排队付款时间，从而获得更高的体验效用。智慧购物用信息化手段全面贯穿整个购物场所，有效地塑造购物新体验，从而改变了零售业的发展模式，也让人们获得了更多的便利，提升了消费者的消费体验，同时又催生了更多新技术的开发与应用。

第十三章 工业：加速中国智造

国民经济的奠基之石依旧是工业和农业，基地不稳，经济必在紧要关头受制。智能制造正如火如荼地进行着，唯进学不已，握准转型时机，才能乘风而至，做时代的弄潮儿！

第一节 工业的智能升级

近年来，传统制造业在人口红利逐渐消失、劳动力成本上升、资源环境约束增加、国际优势不明显等因素的制约下，产能过剩、效益下滑、出口受阻等问题逐步凸显。[①]2013 年 4 月，“工业 4.0 平台”在德国被推上了议程，主要目的是在新技术革命带来的变革潮流中保持德国制造业在全球的竞争优势；核心是通过 CPS（中央处理系统）技术实现人、设备和产品间的实时互联，以构建高柔性和个性化的智能制造能力；主题是智能工厂和智能生产。于是在全球范围内工业智能

① 纪峰．供给侧结构性改革视角下传统制造业现状与转型对策研究［J］．经济体制改革，2017（3）：196–200.

化升级成了日渐增强的旋律。

在中国，人均工资水平也日渐提高，制造业平均工资以超越行业总产值的速度增长，劳动力成本上升倒逼企业转型升级。我国制造业总产值的上升伴随着制造业人力成本的迅速提高。如图 13-1 所示，2011—2015 年，建筑业城镇单位平均工资从人均 36 665 元 / 年上涨到人均 55 324 元 / 年，年均复合增长率为 8.58%，略高于城镇单位平均工资增长率 8.21%，明显高于制造业总产值的复合增长率 5.96%，快速上升的制造业成本倒逼行业升级。[①]

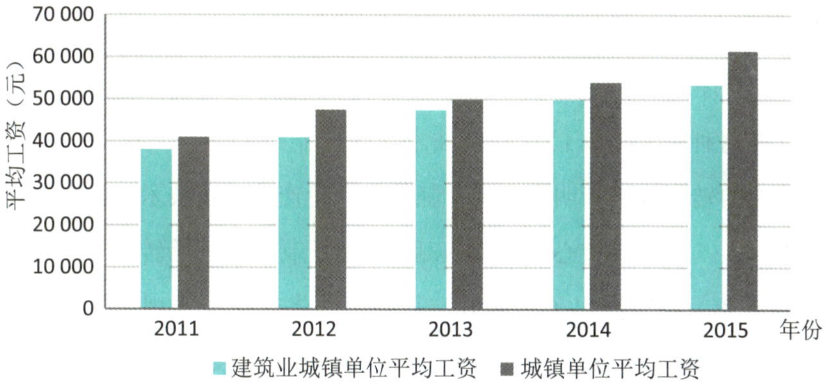

资料来源：中国产业信息网 2017 年中国制造行业发展现状及发展趋势分析。

图 13-1　2011—2015 年建筑业城镇单位平均工资水平

另外，传统自动化生产模式无法应对动态变量。传统自动化流水线生产环节基本固定，使得产品的生产周期长、产品批量大却种类少。虽然能够满足消费者对量的需求，但随着消费水平的不断提升，消费

① 2017 年中国制造行业发展现状及发展趋势分析［EB/OL］.（2018–03–11）. http://www.chyxx.com/industry/201803/618369.html,

者更加注重产品的个性化特点，单一的、少量的产品种类已经不能满足消费者需求。

随着经济发展到一定程度，诸多复杂多变的因素也随之而来。企业必须寻找更好的方式来应对订单不稳定、少量多样生产、良品率的要求、原材料与库存压力的控制等问题，这些对于传统的自动化生产模式来说都是巨大的挑战。因此，自动化生产向智能化生产的转变是解决这些问题的最好方法。信息化发展已然成为促使生产资料变革适应生产力发展的必要因素。这是生产力不断发展的必然结果，也是智能化出现的必然机遇。一种高度灵活且具备个性化、数字化的产品与服务的全新生产模式也即将形成，从自动化生产到智能化制造的巨大革命拉开序幕。

在这种形势下，信息网络技术与生产制造的融合发展为中国制造企业的转型升级指明了方向。随着新一轮产业变革技术云计算、大数据、人工智能等核心驱动力的诞生，传统制造业开始转型升级成先进制造业。我国推出了智能制造战略，并将其作为实现“中国制造2025”中“制造大国”向“制造强国”成功转型的关键。

第二节 智能制造新引擎

随着大数据、云计算、互联网技术更新迭代，智能工业制造过程中也能进行智能活动，如分析、推理、判断、构思和决策等。通过人与智能机器的合作共事，进一步扩大、延伸和取代人类专家在制造过程中的部分脑力劳动；基于工业互联网与工业物联网，通过大数据、人工智能技术打造更加智能化的工业，工业大脑应运而生。

一、工业大脑

依托大数据、云计算、人工智能等高新技术，工业大脑将工业各环节产生的大数据进行归类征集，借助云计算对数据进行计算建模，形成知识的转化。通过数据的研判，监控工业设备从过去到现在的状态；利用更灵活高效的生产系统，更快地将高质量的产品推向市场；借助协作机器人和 AR 智能提高工作效率；基于状态监控、机器学习、物理的数字仿真和数字孪生手段，准确预测未来的性能变化，从而优化维护计划并自动订购零件，减少停机时间和维护成本。

工业大脑（见图 13–2）通过导出企业的基础设备、生产线流通运营和最终通向消费者的产品移动终端产生的数据，在数据中枢进行数据智能汇集，并运用云计算、大数据和人工智能的深度技术解析，将

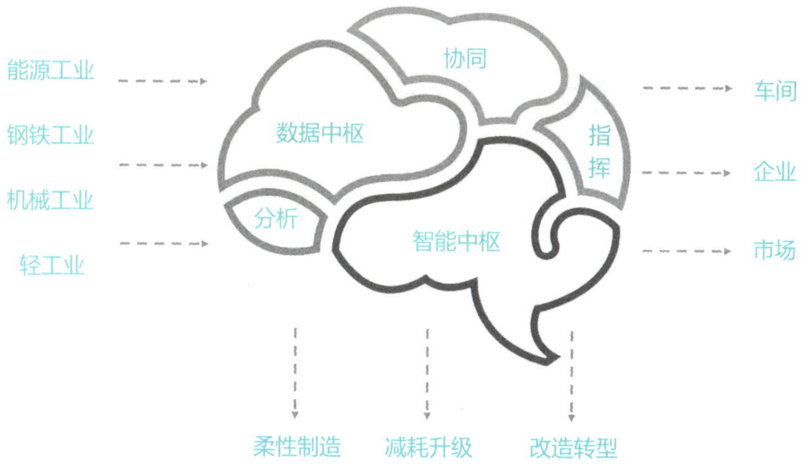

资料来源：银江研究院。

图 13–2 工业大脑赋能图

产生的数据价值直接应用于产品的智能升级和企业生产系统的集成维护。同时，大数据的智能转化可对企业进行未来的市场价值预测和产业协同作业集群把控，全面联动与促进产业集群智能化转型。工业大脑将数据导出产生的价值应用于企业、市场，并通过对企业、市场的数据回流重新将数据反作用于整个的企业生产。

二、数字赋能

工业大脑是一个从数字到知识、再回归到数字的过程。通过将生产过程中产生的海量数据与专家经验结合，工业大脑借助云计算能力对数据进行建模，形成知识的转化，并利用知识去解决问题或避免问题的发生。同时，经验知识又将以数字化的呈现方式完成规模化的复制。

通过梳理企业的历史数据和离线数据，工业大脑进行数据模型训练，再对关键设备升级改造，逐步开放更多关键数据，补足缺失的数据维度。从最初的离线数据批量上云再到实时数据上云，工业大脑根据算法模型要求和双方约定好的数据采集频率对企业进行数据采集，逐步建模，分析数据，将数据与算法用业务化的语言进行表达。

如图 13-3 所示，依托大数据、云计算和人工智能等技术，利用智能体系，工业大脑可基于通用工业传统的人工经验进行数据挖掘分析，从数据中获取提升产品质量和生产效率的新经验，实现人工经验向数据智能转变。工业大脑通过导出企业的基础设备、生产线流通运营和最终通向消费者的产品移动终端产生的数据，在数据中枢进行数据智能汇集，并运用云计算、大数据和人工智能的深度技术解析，将产生的数据价值直接应用于产品的智能升级、市场销售和企业生产系统的集成维护。在从数字化到智能制造的过程中，工业大脑协助企业进行数字化转型升级。在整个生产过程中，工业大脑根据产品生产设计模型，精细化控制高能耗设备作业，同时基于产品特性，结合实际市场受众群体、销售、天气和节假日，智能化预测产品销售量，及时调整库存备货。工业大脑将产线和实际生产环境通过产线数字化与模型平台中的工业知识结合，轻松构建数字孪生体。

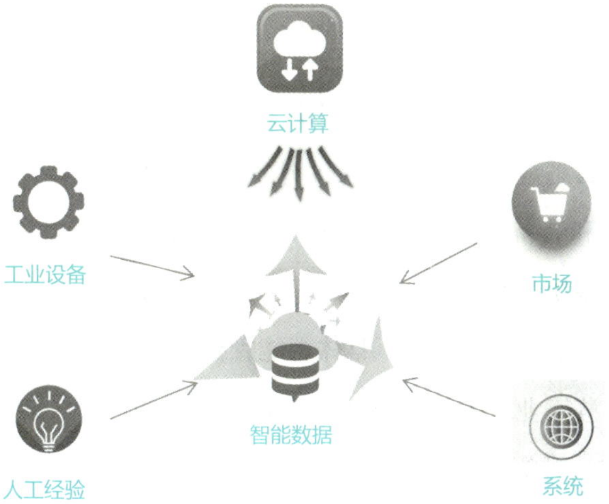

资料来源：银江研究院。

图 13-3　数字化智能制造

第三节
工业转型新发展

开放的城市数据资源是推动传统产业转型升级和创新产业发展非常重要的基础资源。智能化生产是工业化和信息化不断融合的一个过程。对于我国而言，制造业转型升级的最终目标指向智能制造。如今的制造业已经从以产品为导向转变为以服务为导向，在推广普及信息技术的同时激发了用户的个性化需求，也降低了企业获取信息的成本，提高了企业内外部沟通和协作效率。[①]工业大脑通过对数据进行采集、整合、分析和处理，优化了企业管理模式，加快了商业转型升级，催生了智能工厂和工业互联网建设。

一、智能工厂

智能工厂可简单概括为数字工厂，即通过数字化控制、状态信息实时监测和自适应控制，加快人机智能交互、工业机器人、智能物流管理等技术和装备在生产过程中的应用，加快产品全生命周期管理、供应链管理系统的推广应用，促进集团管控、设计与制造、产供销一体等关键环节集成，实现工厂整体智能管控。

我国一些工业企业已经开展了以智能制造为核心、各具行业特点的创新和改造升级。在已有技术装备的基础上，通过工业大脑扩大、丰富数据的采集、分析和应用，并通过智能装备、智能产线、智能车间和智能工厂进行生产制造的智能化优化升级。

对于大型采矿企业来说，矿区内扬尘较多，人工驾驶矿车不仅生产成本过高，而且危险系数也相对较高。无人驾驶矿卡可解决智慧矿区的运输问题，直接关系到矿区的采矿效率。无人驾驶既可减少矿区的安全事故，也可改善司机的工作环境，减少人员成本。踏歌智行自

① 李永红，王晟．互联网驱动智能制造的机理和路径研究［J］．科技进步与对策，2017：56–60.

主研发的智能机器人和车辆线控技术，可完成倒车入位—挖机装载—重载爬坡—精准停靠—自动倾卸—轨迹规范—自主避障—空载下坡的整个运输闭环测试。测试期间车辆无须人工干预，直接与后台连接，由监控员实时监控。当车辆出现故障提示时再由人工线下排除故障，可保障人员 100% 安全。

在科技进步和环境需求的共同驱动下，新能源汽车是中国汽车行业未来的主要发展方向，能源的结构也正在向更洁净、更低碳的燃料转型。作为全球首个 CMA（模块化架构）工厂，吉利汽车项目在工艺制造、节能减排、环境保护和整个产业链优化方面都代表了最先进的技术水平，是吉利打造现代化、数字化、智能化的先进工厂以及可持续发展进程中的重要里程碑。该工厂采用了中国第一套全流程汽车仿真生产系统（见图 13-4）。

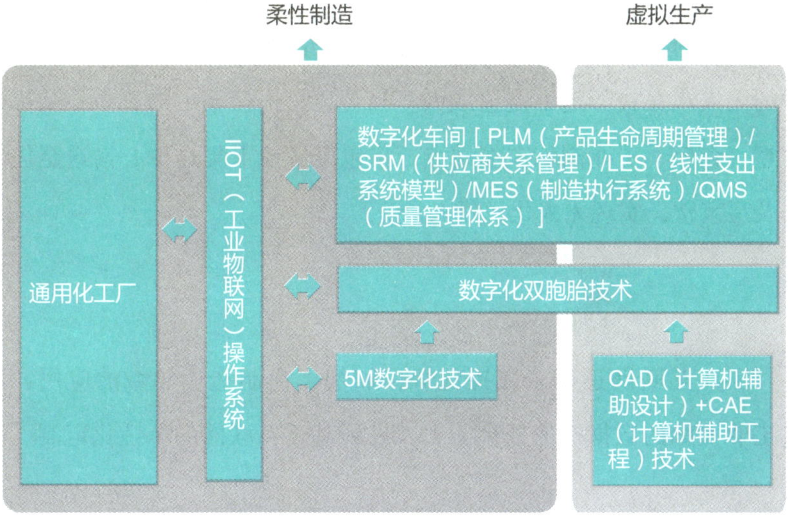

资料来源：银江研究院根据公开资料整理。

图 13-4　智能工厂数字化制造路线

该工厂通过在仿真系统中的模拟演练，将柔性制造和虚拟生产相结合，减少人为失误风险，大幅节约制造成本，缩短研发周期，使冲压环节的零件加工合格率达到100%，焊装环节的焊点定位合格率达到99.8%，总装环节的装配合格率更是达到100%，突破了国际顶级汽车品牌的制造标准。[①] 数字化模拟生产可对现实工厂进行实时监控与记录，保证每一条作业数据都可以被追溯，布局智能化生产线，打造高品质的车辆，同时优化生产流程，提升生产效率，降低生产错误率。

对于制造企业来说，要实现智能制造，智能加工中心和生产线就是每个生产企业不可或缺的。而对于企业的智能化控制中心来说，它的基石就是智能仓储物流，所以智能制造的发展离不开智能物流的支撑。

智能物流系统是智能制造工厂的核心，负责生产设备和被处理对象的衔接工作。传统企业物流往往缺乏统一规划与标准化，难以实现信息的及时交换和共享。[②] 京东的无人仓智能物流已经可以让胶囊一样的无人车穿梭于地下隧道或大直径管道，连接城市物流中心及市内商超、仓库、工业园、末端站点，将包裹从地下集送中心输送至住宅楼及写字楼，实现无人化送货入户。

二、工业互联网

工业互联网近年来发挥优势，加快了在制造业领域的应用：通过工业大脑的数据极速处理能力，发展基于互联网的个性化定制、制

---

① 搜狐 . 跟着吉利领克 01，去探访国际顶级智能工厂！[EB/OL] .（2019–04–17）. http://www.sohu.com/a/308605735_218557.

② 李冠艺 . 互联网思维下电商物流创新与传统物流转型［ J ］. 商业研究，2016：188–190.

造和产业组织方式；通过人、机、物的全面互联，实现全要素、全产业链、全价值链的全面连接；以工业互联网为根本驱动力，加速产业智造。

华为发布的 EI（企业智能）工业智能体可通过华为云计算分析，将结果反馈到工业制造的全流程，大大提升成品率和生产效率。通过数据融合，EI 工业智能体打通了端到端的业务全流程，把大量重复的人工工作交由机器完成，使得成品率大幅度提升。一个典型的例子是 PCB（印制电路板）生产，其曾经遇到最多的问题是产品虚焊、多焊，需要靠人工筛查来减少物料损耗，费时又费力，不仅效率低下，而且增加了企业生产成本。而华为云 EI 工业智能体通过机器识别图像来判断，汇聚数据处理，将 PCB 成品率从 99.2% 提升至 99.55%，制造阶段产出提高 30%，降低了企业损耗，提高了资源有效配置效率。

基于互联网的个性化定制与众包设计、云制造等新型制造模式，工厂可形成基于消费需求动态感知的研发、制造和产业组织方式。

海尔通过互联工厂，以用户需求为主进行了一系列的并联布局，让产品的研发、生产、销售、物流、售后等所有环节都实现了与用户的实时交互，打破了在传统的串联式体系下，产品卖出即代表产品与用户交互的结束，交互过程并没有涵盖物流和售后，物流和售后通常是由被动交互来实现的局面。海尔以需求为导向，通过移动终端捕捉消费者需求，并以数据形式传递到生产线，生产出定制化产品，从产品的技术、功能、外观、颜色、材料到生产数量、运输车辆、运送时间等都实现了用户与工厂的完整交互，最终通过移动终端互联网实现商业闭环反馈。互联工厂，一个涵盖设计、采购、制造、营销和服务的全流程生态圈，是一种满足用户需求的体系，以工业大脑的智能制造能力为承接，以并联融合的方式实现价值的共创和共享。

“互联网 +”工业新模式，为中国传统制造业转型升级提供了一种新的思路和路径。在新的互联时代，制造业面临着艰难的生存压力，各种互联形式也鞭策着传统企业不得不探索更多的可能。红岭集团就是一家传统的服装制造企业，在大数据流转的今天，推进生产过程智能化，培育新型生产方式迫在眉睫。通过十多年时间积累了海量款式数据和工艺数据，囊括了设计的流行元素，如今红岭集团依托互联网大数据实现了个性化产品定制，有超过万亿种设计组合。所有信息、指令、语言、流程等最终都转换成了计算机语言。一组客户量体数据完成所有的定制、服务全过程，无须人工转换和纸制传递，数据完全打通和实时共享传输，真正实现了“在线”工作而不是“在岗”工作。每位员工都可以在互联网云端上获取数据，与市场和用户实时对话，实现零距离服务。

第十四章
安全：守卫城市生命线

在任何时刻，城市公共安全都是红线、底线和生命线。城市大脑必将加固城市防御体系，为城市添衣加被，保护真实世界的城市安全，也同样保障虚拟世界的城市不被侵害。

随着时代的发展以及技术的进步，现代城市对水、电、交通等正常的网络运转越来越依赖，安全隐患问题也随之而来，而安全是智慧城市建设的核心目标。近年来，大数据的兴起为智慧城市建设提供了必要的技术支撑，但同时也带来很多有待解决的问题与挑战。城市化的发展带来了更多隐藏风险，这需要我们更加关注城市公共与信息安全，并赋予城市更多的安全感。①

第一节
安全事故是城市的痛

2019 年 3 月 21 日下午，江苏盐城响水县陈家港化工园区天嘉宜化工厂发生爆炸，造成重大人员伤亡。现场爆炸视频让人触目惊心，巨大

① 吕传军. 基于大数据的智慧城市安全建设研究［J］. 行业与应用安全，2018：132–136.

的蘑菇云瞬间迸发，烈火冲天，浓烟滚滚。顷刻间，附近数公里内的房屋玻璃爆震，居民住宅损毁严重，人们四处逃窜，满目疮痍。这不由得让人想起2015年“8·12”天津滨海特大爆炸事故。那也是一次危险化学品爆炸事故，爆炸共有两次，第一次爆炸相当于约2.3级的地震，相当于3吨TNT（烈性炸药），第二次爆炸相当于约2.9级的地震，相当于21吨TNT。两次爆炸共造成165人遇难，798人受伤，304幢建筑物、12 428辆商品汽车、7 533个集装箱受损，还造成了严重的环境污染。

回顾近几年我国发生的特重大事故：2014年12月31日23时35分，上海外滩发生踩踏事故，造成35人死亡，49人受伤；2015年6月1日21时30分，东方之星游轮在长江监利段发生翻沉事故，造成442人遇难；2018年11月28日零时40分，位于河北张家口望山循环经济示范园区的中国化工集团河北盛华化工有限公司的氯乙烯泄露扩散至厂外区域，遇火源发生爆炸，造成24人死亡，21人受伤，直接经济损失4 148.9万元。① 这么多起重特大安全事故的接连发生，不得不引起我们的深思。民生安全无小事，警钟长鸣。

当美好平静的城市生活被隐藏着的“城市杀手”打破时，我们无一不感到心痛和绝望，希望时间可以回到事故发生前，从而避免这些城市灾难的发生。然而，时间是条单行道。那些城市不能承受之痛在时刻提醒着我们，作为多元组合的城市复杂体，对城市公共安全造成不可逆影响的因素可能遍布每个角落。而在如今科学技术不断进步的大趋势下，作为智慧城市建设的主人公，我们应当通过各种智能工具将危险系数降到最低。

① 资料来源：安全管理网发布的事故案例，网址为 http://www.safehoo.com/Case/。

第二节
安全大脑让痛苦远离

城市安全大脑通过充分利用互联网、物联网和云计算等技术，对城市事物进行整体感知，增强物与物、人与物之间的联系，全面准确且及时地掌握特殊、危险源事务的动态发展情况，提前预防和控制突发公共事件，为城市中不特定的生命、健康、重大公私财产以及社会生产、工作生活提供智慧化的安全服务和保障。安全大脑把城市本身作为一个生态系统，城市中的市民、交通、能源、商业、通信、水资源等构成一个个子系统。①

在传统的城市管理中，这些系统是孤立和零散的，无法为城市发展提供完整的信息支撑。安全大脑通过新一代物联网、云计算、决策最优化等信息技术的应用，利用智能化、网络化、层次化的方式，促使城市管理中的各个子系统彼此联系、相互促进，使城市中的安全基础设施形成网络，成为新一代的智慧化基础设施，进而成为可以指挥决策、实时反应、协调运作的“神经系统”。②

一、三中心共筑城市安全

城市安全大脑涉及感知中心、学习中心和管控中心 3 个中心（见图 14–1）。感知中心通过物联网按需自动采集数据，数据来自城市日

① 李海俊，芦效峰．智慧城市的理念探索［J］．智慧建筑与城市信息，2012（6）:11–13.

② 刘红波，赵晔炜．智慧安全：城市公共安全管理的新趋势［J］．华南理工大学学报（社会科学版），2015：62–68.

常生产和生活。同时，通过边缘人工智能技术实现数据对接和物联传感，将数据信息传递至学习和管控中心。

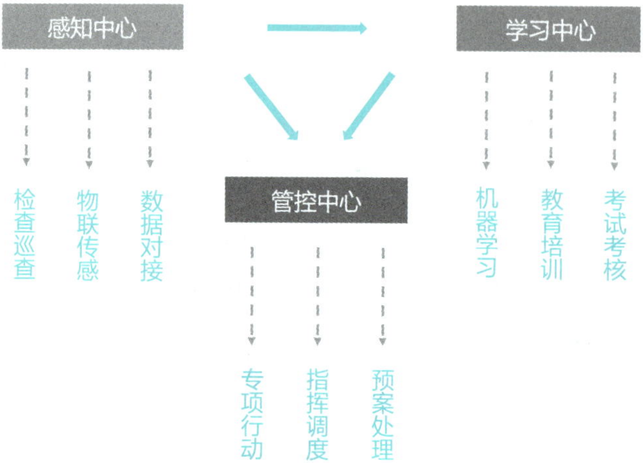

资料来源：银江研究院内部整理。

图 14-1　城市安全大脑总体框架

在学习中心，安全大脑利用人的主动和被动学习，提供联合防控能力。机器学习主要是根据其他中心的数据、分析及反馈结果来提高人工智能算法模型的准确性，而人的学习则主要用于提高人发现以及排除隐患的能力、在紧急状况下的快速反应能力、对法律法规的熟悉度、在安全操作时遵循规程的能力等。正是由于学习中心的存在，安全大脑才可以自我学习、自我进化，不断朝着具备更高能力的混合智能体的方向跃进。

在管控中心，救援指挥人员可以快速实时对救援过程进行调度，完成各种专项工作。在大数据联动分析的前提下，救援指挥人员对城市公共基础设施物联网设备进行直接控制，为预案处理奠定基础。

二、多维度守护城市安全

公共安全事故一旦发生，将会对人民群众的生命财产造成重大损失，严重影响社会经济发展。在当前智慧城市迎来新一波建设高潮中，城市公共安全管理掀起了新一轮科技革命。城市安全大脑成为在信息化技术支撑下的城市公共安全大数据的全面联动中枢，通过多维度建设，深化大数据在城市安全领域的应用，实现公安、环保、气象、交通、食品药品等领域的全覆盖。

从数据信息流动的角度来看，公共安全治理是一个数据搜集、数据整合、数据提炼、数据挖掘、安全分析、安全情势判断、安全监测、发现风险的过程。因此，公共安全治理的问题常常表现为信息问题，尤其是对一些突发性公共安全事件而言，能够及时准确地获得信息、甄别信息、分析信息并快速做出决策是至关重要的。

当人流过度聚集时，群体性安全事故极易发生。城市一切工作的运行都离不开每一位居民，在日常生活作业中，他们的每一次行动都会给城市留下一组轨迹数据。安全大脑可基于轨迹分析人群活动的规律。轨迹大数据蕴含丰富的语义，单一移动对象的轨迹反映了其自身的行为特征，群体的大数据轨迹反映了该群体共同的行为特征，而同一城市大量移动对象的轨迹则反映了该城市的社会活动特征。

以城市多源大数据为基础，通过城市安全大脑，利用数据挖掘、机器学习甚至深度学习等技术手段，从低质量、粗粒度的轨迹数据中挖掘人群或其他移动物体未来的运动趋势和过去运动的潜在关系，结合实时数据进行快速处理得到预测结果，进而支持管理和决策，解决城市体移动运转中可能产生的隐藏的安全隐患问题。

除了通过轨迹数据预测城市公共安全中行为人的轨迹来提前预控

危险外，在城市公共安全防控中，安全大脑还可以从以下几个方面对智慧城市安全建设存在的风险进行预测。

古语云："前车之鉴，后事之师。"城市安全大脑通过对城市以往产生的大数据进行分析，可事先进行风险把控。风险评估是保障城市公共安全的有力手段。通过城市公共安全风险评估，安全大脑预先识别城市公共安全风险，分析相应的可能性后果并评估综合影响，进而开展相关的风险处置，从而实现预先识别、科学评估、管控结合、减少发生、高效应对的城市公共安全管理目标。

除了对风险进行评估之外，城市安全大脑还需要有实时可监测维护的安全工作协同平台，从而实时发现、精准定位和即时处置潜伏威胁。通过对关键基础设施内网和互联网门户网站的监测，实现日常态势实时掌握，实时发现隐患和安全事件，进而通过梳理并导入资产责任人对应关系，建立细粒度实名制管理，实现每例安全事件的精确定位。政府应利用城市安全大脑，建立安全事件应急指挥中心，实现安全隐患自动化通知和智能化处置，以及安全通告、安全报表自动生成，从而与下属单位、支撑单位及时对接，及时处置。

| 第三节 |
信息安全为大脑护航

随着信息技术的飞速发展，城市安全建设不仅仅局限于围绕着城市基础设施开展的一系列资源建设维护，还包括物联网、云计算、大数据、空间地理信息集成等一系列新技术的建设。在逐步开放的城市创新生态的大环境下，信息安全是一个不可忽视的因素。随着数字化、网络化、智能化的发展，智慧城市面临的信息安全风险日益严峻，智慧城市信息安全问题已成为智慧城市建设和发展过程中的新挑战。[①]

一、信息安全刻不容缓

2017 年 5 月，一款名为 WannaCry 的蠕虫式勒索软件在互联网上流传。该勒索程序以 Windows（微软视窗操作系统）用户为目标，成功侵入系统后即对用户计算机中的各类文件和数据进行加密，并借用 Windows SMB 漏洞，以疯狂的速度蔓延至全球 100 多个国家，数以万计的企业及用户受到影响，覆盖金融、教育、医疗、通信和交通等多个领域。而随着越来越多城市基础设施与互联网打通，互联网对基础设施的侵害日益加重。例如，工控系统由于其脆弱性，在互联网化后频遭攻击，如 2010 年伊朗布什尔核电站遭遇“震网”病毒攻击，2017 年美国龙卷风报警系统遭黑客入侵。

我国智慧城市信息安全核心基础设施和关键技术的自主可控率低，智慧应用服务存在许多安全漏洞，易遭攻击。另外，城市数据包罗万象，不同来源的数据刻画了城市不同方面的“肖像”。然而，大数据技术引发的数据利用新模式与保护数据安全之间存在着天然的冲突，数据的高共享和高利用势必会加大数据泄露的风险，这形成了数据利用与保护国家重要数据资源和数据利用与保护个人隐私等多方面的矛盾，而这些都是亟待解决的难题。

智慧城市是一项庞大且复杂的综合信息重塑城市工程，广泛应用了物联网、云计算、大数据等新一代信息技术来实现城市职能智能化，

---

① 贤峰．“智慧城市”建设的风险分析［J］．财经界，2011（1）：106–110.

因此其安全风险涉及物联感知层、网络通信层、数据及服务支撑层、智慧应用层以及用户的接入环境等各个层面。对于城市安全建设来说，安全大脑的数据及服务支撑层是核心层，城市级海量信息的聚合、共享和共用都在这里实现。智慧城市的海量数据信息集中在数据及服务支撑层，云安全的保障成为信息安全的关键所在。一方面，对云的设计以云上合规为基础，达到安全可靠的要求，保障云系统的自身安全；另一方面，自下而上考虑云的基础服务安全，涵盖基础架构安全、用户安全和网络安全，深入物理安全、虚拟化平台与应用安全、数据安全和业务安全，有效保障云上信息系统安全。然而，在大数据安全方面，虽然数据及服务支撑层汇聚海量数据，但数据泄露、篡改和破坏风险日益严峻。

此外，由于我国智慧城市出现“信息孤岛”问题，所以数据融合共享难导致安全工作复杂化，加之大数据安全管理能力不足，用户信息和隐私被利用，甚至成为黑客的攻击手段，总体安全形势依然不容乐观。由此可见，传统的防御已无法适应智慧城市的安全需求，构建智慧城市信息安全体系框架刻不容缓。

二、安全防御体系保护伞

智慧城市安全防御体系为城市安全建设穿了一层厚厚的铠甲，而城市安全大脑则犹如身着铠甲的勇士手中持握的利剑，直面四周各种隐藏的危险源，披荆斩棘，为城市安全建设撑开了一把保护伞。智慧城市信息安全保障体系涵盖信息系统的基础安全、技术保障平台和安全合规建设等方面，直接作用于智慧城市业务信息系统的安全保障，因此对信息资源的安全保护需从技术、人、运维三方进行搭建（见图 14–2）。

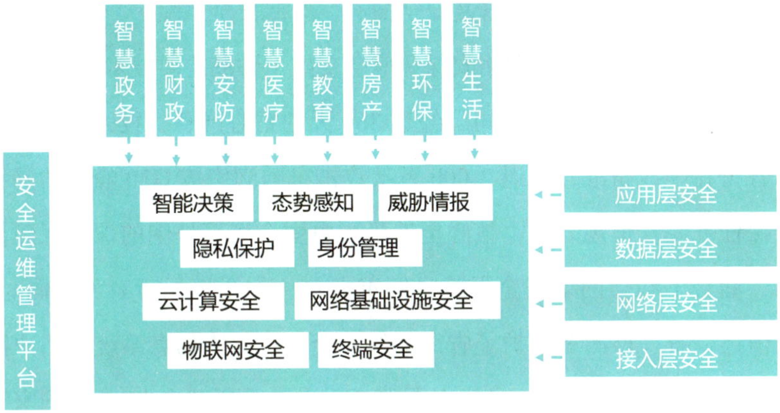

图 14-2　智慧城市安全防御体系

基于智慧城市纵深安全防御体系，城市安全大脑可垂直于接入层、网络层、数据层和应用层等多层级安全防御，相应深入到终端安全和物联网安全、网络基础设施安全和云计算安全、身份管理和隐私保护、威胁情报和态势感知以及智能决策等运维安全，形成纵深防御体系，以此支撑和保障智慧政务、财政、安防、医疗、生活、环保、房产、教育等各个业务信息子系统的安全。

在技术、人、运维三方的具体实践中，城市安全大脑可分别予以支撑。在技术支撑方面，结合云服务提供商搭建安全的网络，实现系统架构的安全，研发安全产品、平台以及对安全技术进行深入研究；在人员方面，设立安全专家服务团队，提供安全咨询服务，为各业务提供端到端的行业解决方案，以及威胁情报和事件应急响应服务；在运维管理方面，依据安全大脑作用的数据源解析，建立专业的安全运营团队，从而根据客户的业务需求定制安全策略，托管信息安全，并定期开展风险评估，持续修复安全漏洞，降低安全风险。①

作为G20杭州峰会网络安保和应急支撑工作的主要技术支撑单位，杭州安恒信息技术有限公司历经近360天的精心准备，投入309位技术骨干在一线奋战，击退3 000万次攻击，圆满完成G20峰会的网络安保任务。安恒规划了由核心至外延、由主会场至外围的深层保障体系，涵盖了峰会网络安全保障目标重点关注的全部保障对象。同时，安恒还检查、检测及防护了省市两级峰会重点保障信息系统和门户网站2 000余个，共发现高危以上漏洞438个，共拦截来自41个国家和地区的3 300万次攻击。② 由此可见，智慧城市的信息安全建设与发展是基于信息技术驱动的，在专业运营团队和数据中心的共同作业下，推动城市安全健康有序发展。③

三、基础设施信息防护墙

城市数据需要得到安全保障，作为覆盖城市的基础设施，它们产生的一系列数据信息的安全也需要得到重视。用户单位利用安全大脑的数据分析能力，设置完善的访问控制体系。用户单位可依据自身情况设立访问控制模型，通过制定合理的访问控制策略或权限来防止人们对智慧城市基础设施进行未授权的访问。用户单位可以采用智能认证检测技术，分析基础设施设备的信息行为、特征，使用对称或非对

① 魏军."互联网+"时代背景下智慧城市信息安全研究初探［J］.智能建筑，2016（7）：29–32.

② 搜狐.走进安恒信息 探秘网络安保神秘大门［EB/OL］.（2016–11–30）. http://www.sohu.com/a/120326733_115401.

③ 王辉，徐理虹，张菊芳，温晓岳.智慧产业［M］.北京：中信出版集团，2018.

称密码对基础设施设备进行智能的安全认证，防止在庞大的网络内接入非法信息节点，同时保证合法节点的网络接入。

另外，智慧城市基础设施中的感知设备容易受到外界的干扰。在感知设备组成的网络中，假冒攻击是一种主动攻击形式，用户单位可以采用假冒攻击检测技术对感知设备进行假冒攻击检测，避免感知设备间的协同工作受到破坏。除此之外，信息安全建设还包括数据加密、密钥管理、入侵检测、安全接入等关键技术。

智慧城市基础设施信息安全区别于传统的信息系统安全。由于业务、系统构成等方面的特点，现有信息系统的信息安全技术不能直接应用于智慧城市基础设施，我们需针对其特点研究适用于智慧城市基础设施保障的安全技术，以保障智慧城市的基础设施安全。①

信息安全一直随着信息化的发展而不断演进，信息化程度越高，信息安全的影响就越为深刻。智慧城市的建设是为了改进民生，促进国家城市化的可持续协调发展，但是在发展过程中智慧城市的信息安全必将面临前所未有的挑战。只有智慧城市的参与各方团结协作，及时查找并梳理信息安全风险，科学构筑智慧城市信息安全保障体系，才能保证智慧城市的健康和可持续发展。

① 宁宁，石秀芳，王兵. 浅析智慧城市信息安全［J］. 信息技术与信息化，2013（4）：13–15.

结束语

《世界城市展望》报告称，目前世界70亿人口中约有一半生活在城市，到2050年，世界人口多达23亿的增长量将全部被城市吸收，城市地区在2050年容纳的人口相当于1950年的全球总人口。这一快速的城市化进程在非洲和亚洲显得尤为突出，这将给城市的居住、交通、环境、基础设施等各方面带来新的挑战。全球更多的城市都开始把注意力转到城市内部资源的挖掘、整合和有效配置上，以此增加城市“以知识为基础”的含量，激活城市的创新能力，提升城市的品级，赢得未来城市可持续发展的主动权。率先在欧美倡导并正在实施的“知识城市”战略就被认为是21世纪城市发展的一种全新城市理念。

改革开放以来，伴随着工业化进程的加速，我国城市化经历了一个起点低、速度快的发展过程。城市的水、电、路、气、信息网络等基础设施显著改善，教育、医疗、文化体育、社会保障等公共服务水平明显提高。城市化的快速推进，吸纳了大量农村劳动力转移就业，提高了城乡生产要素的配置效率，推动了国民经济持续快速发展，带来了社会结构的深刻变革，促进了城乡居民生活水平的全面提升。知识武装城市，知识改变城市，知识创造城市智慧，未来，城市化建设必将朝着更加智慧化的目标持续前进，而通过城市大脑赋能智慧城市将成为发展道路上的重要抓手。城市智慧化主要体现在城市建设信息化、产业发展现代化、公共服务均等化、城市管理精细化、基础设施均等化 5 个方面。

在城市大脑的赋能下，城市数据的价值得到了更深层次的提升，有效的管理数据可确保城市大脑在最短的时间内为城市请求匹配正确的信息，为关键决策提供信息支撑。通过智慧城市立体化数据框架，城市大脑为各城市数据的收集、分析和交流提供支持，实现城市数据真正意义上的开放、共荣、共享。通过为城市中的各个场景和应用领域赋能，城市大脑在构建并改善城市智慧生态的同时，不断推进着城市智慧化领域的发展。

未来，城市大脑将通过挖掘城市地理、经济、社会、文化、人口、气象等信息，为城市规划提供强大的决策支持，以加强科学性和前瞻性的城市管理服务。城市大脑可以帮助我们深入分析城市现状、了解城市变化情况、准确判断城市发展并剖析城市发展动力机制，进而通过开展城市化动态监测与评估，探索城市化发展的客观规律。在大的城市发展趋势中分析区域协同、生态、社区、交通等综合性问题，思考城市的空间布局和设施配置。

未来，城市大脑将连接散落在城市各个单元的数据资源，打通城市神经网络，让数据帮助城市进行思考、决策和运营，实现城市管理和社会治理。城市大脑将呈现城市实时“健康”状态的大视图，形成“全时段、全区域、自动化、多途径”的事件预警网络和协同治理体系，为城市综合治理提供决策依据，让城市管理工作更加有效。

未来，城市大脑将协助政府部门更加直观地了解和掌握区域内产业的活跃现状与活力变化趋势，挖掘本地区活跃度高的行业并分析成因，为政府产业升级的后续决策提供参考和依据。城市大脑为区域产业集群和产业活力分析画像，利用已经建成的基础数据、分析和展示平台，辅助政府决策，使产业集群效应不断释放，激发产业活力。

未来，城市大脑将依托人工智能和大数据可视分析技术，赋予安全业务场景决策能力，对安全领域的深度变革起到不可估量的作用。城市大脑将开展“从无到有”的数据挖掘和“从点到面”的研判分析，形成案件线索，有效部署警力，建立快速反应安全防控机制，重拳打击犯罪，维护人民群众的切身利益，营造平安环境。城市大脑还将借助物联感知技术，对城市低洼积水地段进行实时监测，当暴雨、台风等恶劣天气来临时，起到及时预警和提前采取措施的作用。

未来，城市交通将形成以高速轨道交通和自动驾驶为主的高度智能化系统。自动驾驶带来的另一个巨大变化将体现在运输和物流行业。相对于私家车，货物运输卡车在高速公路上行驶时间较长，要处理的路况相对简单，自动驾驶和电动车将会使卡车运输的成本至少降低一半。

未来，智能诊断将通过“学习”相关的专业知识，模拟医生的思维和诊断推理，从而给出可靠的诊断和治疗方案。智能医疗可以通过新一代网络提供精密操作场景的远程化，结合触觉机器人实现远程诊断甚至远程手术，帮助非城市化或落后地区均衡医疗水平和降低医疗成本。

未来……

未来已向我们走来！

致　谢

本书从策划、撰稿到最终成书经历了将近一年，编写团队回顾了智慧城市十多年的发展历程，重点研究了城市大脑建设和智慧城市发展方向，总体上得出两个论断：城市大脑赋能智慧城市；智慧城市的下一站是城市大脑。

城市大脑是正在迅速发展的新事物，系统梳理城市大脑的体系是一件既考验概况总结能力，又考验随机应变能力的事情。我们参考了来自政府、企业、高校专家的大量观点和看法，可以说本书是大家之言的汇聚。感谢每一个为本书内容提供启迪、帮助的机构、组织和个人（排名不分先后）：杭州市数据资源局、杭州市经济与信息化局、杭州市公安局交通警察局、上海市司法局、中国农工民主党杭州市委员会、杭州市国际城市学研究中心、阿里云公司、华为技术有限公司、杭州海康威视数字技术股份有限公司、杭州安恒信息技术股份有限公司、何积丰、王辉、王坚、王飞跃、金峻臣、袁鑫良、邵浙新、金国庆、包鸿鸣、潘慧智、王肃等。

本书在策划和编写过程中得到了中信出版社编辑们的帮助，感谢王宏静、闫楠楠、陈襄茗等编辑对本书设计及各个细节的考究和优化，让本书更闪光。